韬奋著译文丛

二〇一八年七月 邹家华

读者信箱

【精编本】

邹韬奋 编著

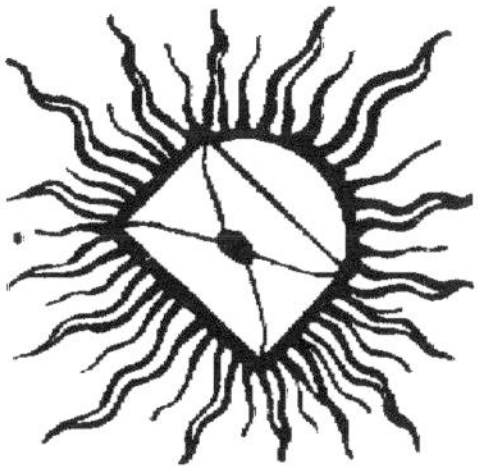

生活·讀書·新知 三联书店 生活書店 出版有限公司

图书在版编目（CIP）数据

读者信箱：精编本 / 邹韬奋编著．— 北京：生活书店出版有限公司，2018.10
ISBN 978-7-80768-211-0

Ⅰ．①读… Ⅱ．①邹… Ⅲ．①游记—作品集—中国—现代 Ⅳ．① I266.4

中国版本图书馆 CIP 数据核字（2017）第 238135 号

文丛策划　邹嘉骊
责任编辑　刘　笛
封面设计　罗　洪
责任印制　常宁强
出版发行　生活書店出版有限公司
　　　　　（北京市东城区美术馆东街 22 号）
邮　　编　100010
经　　销　新华书店
印　　刷　河北鹏润印刷有限公司
版　　次　2018 年 10 月北京第 1 版
　　　　　2018 年 10 月北京第 1 次印刷
开　　本　787 毫米 ×1092 毫米 1/32　印张 13.875
字　　数　220 千字
印　　数　0,001–5,000 册
定　　价　58.00 元
（印装查询：010-64052612；　邮购查询：010-84010542）

韬奋在看守所走廊上留影

韬奋与杨卫玉、黄竹铭

《生活》周刊社旧址（辣斐德路）

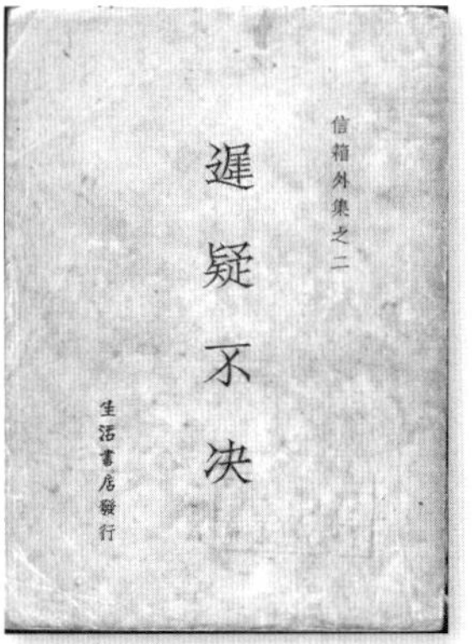

《读者信箱》汇编集
《迟疑不决》书影

《读者信箱》汇编集
《该走那条路》书影

《读者信箱》汇编集
《迷途的羔羊》书影

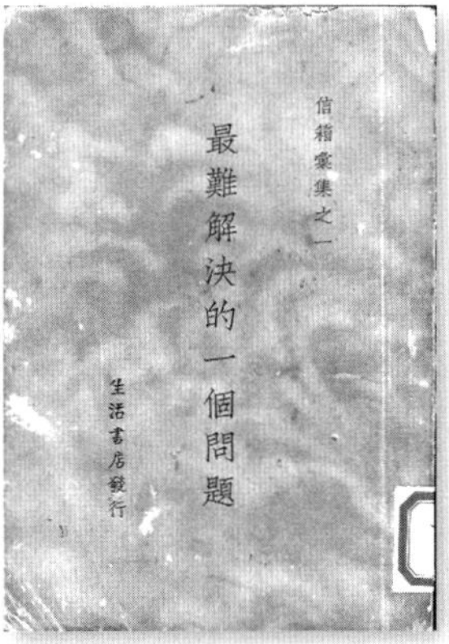

《读者信箱》汇编集
《最难解决的一个问题》书影

写在前面

“韬略终须建新国，奋飞还得读良书”，郭沫若为韬奋图书馆拟写的嵌名联，今天仍挂在韬奋图书馆的门口。今年适值三联书店成立八十五周年，经邹嘉骊先生提议，我们合议出版一套“韬奋著译文丛”，以纪念三联书店创始人韬奋先生。

韬奋先生倡导的“竭诚为读者服务”宗旨，开创的书刊互动的事业格局、前店后厂的经营模式，既是当年生活书店的特色，也是三联书店延承至今的传统。我们相信，纪念韬奋先生最好的方式莫过于读他的作品，传承与弘扬韬奋精神，最好的方式莫过于为广大读者提供一套能展现韬奋先生著译实绩和基本面相的代表作品。因此，我们精选其生前编订的别集，辑为这套文丛，希望既能反映韬奋先生文字生涯的基本面貌、韬奋思想的主要脉络，又适合普通读者购藏阅读。

1925年，中华职业教育社创办了《生活》周刊。周刊创办初期，由于主事人非内行，办事人手少，宗旨与定位不明确，所以期发量低，多为赠阅。1926年邹韬奋接手《生活》周刊，开始了他自己真正意义上的新闻出版实践。第一件事就是大刀阔斧地改进《生活》周刊。邹韬奋意识到，如果将周刊定位在大众型，就必须与读者积极地沟通与交流，听取他们的意见与建议。于是，他对《生活》周刊的栏目和内容做了大胆的调整。其中，在第2卷第1期新开设的《读者信箱》(第5卷第45期后名称改为《信箱》)，成为存在时间最长、最富有特色、影响力最大的专栏之一。该栏目的形式是读者来信，提出问题、阐述观点，编者就问题进行解答，提供自己的观点，讨论的内容涵盖社会生活的各个方面。《读者信箱》在编辑与读者之间搭建起一个思想往来的公共空间，使读者可以直接参与周刊内容的组成，十分受到读者的青睐；编者则依凭这个直接渠道，不断获得调整、改进《生活》周刊的新思路。可以说《读者信箱》栏目及读者的来信对《生活》的发展有着深刻的影响。

《读者信箱》之所以能在周刊中成为延续时间最长、办得最成功的一个栏目，除了因为邹韬奋“不忘读者”的办刊理念取得实效外，还与他极端的敬业精神分不开。陈象恭曾在《忆韬奋先生》中这样写道：“一九三三年先生在《生活》编辑部时，主要办理生活信箱复信的工作。每天读者的来信，多至几十封，形形式式的问题都有，第一步，他先亲手拆看，分了类别：如果是托买书的，就交代办部（生活书店的前身）；倘是一些有关医药、职业等问题，转交其他有关工作部门解决，并签注意见，最后仍由《生活》来答复；对一些最重要的、有关键性的问题，由他亲自答复。来信如有代表性或特殊性，则在《信箱》公开发表；一般性的问题，才交给我们处理。他先指示复信内容的重点，根据他的指示，拟好信稿，由他修改后，交给我们誊清，誊清后再交给他，由他作最后一次校阅，直到他认为满意了，才在信的最后一行具名‘生活周刊社’的下面用蓝铅笔签上一个‘润’字（邹先生原名为‘恩润’），才交发行部寄出。一天几十封信都是这样办理，常常占用他工作时间的大半天。”由于稿件众多，《生活》周刊社组织专门的人力去处理，但能在栏目里登载的复信是很有限的，邹韬奋认为除了少数发表过的来信外，其中还有不少有可供阅览的价值，如果将信件全当作废纸处理了，未免可惜。恰巧作为《生活》周刊读者的银行家邹君斐曾来信建议，将未能发表的汇订成册出版。邹韬奋认为可取又可行，于是按照主题组织篇目，删去文中客套、不重要的话，按嘱托隐去或保留寄信人和相关人物姓名，力避重复，选择有代表性的内容，汇编成册。从1930年，陆续出版了《读者信箱外集（第一辑）》（1930年5月初版）、《读者信箱外集（第二辑）》（1931年7月初版）、《该走那条路（信箱外集之一）》（1930年5月初版）、《迟疑不决（信箱外集之二）》（1931年7月初版）、《迷途的羔羊（信箱外集之三）》（1932年11月初版）。接着，邹韬奋又将在周刊上发表过的信件汇编成册，陆续出版：《最难解决的一个问题（信箱汇集之一）（上、下）》（1932年4月初版）、《悬想（信箱汇集之二）》（1933年6月初版）。在1933年12月《生活》被迫停刊后，还出版过“信箱汇集”的选集《一生的幸福前途（生活信箱选集）》（1936年7月初版）。

本书名沿用最初的专栏名《读者信箱》，加“精编本”以示区别。以“信箱外集”之《该走那条路》（1935年5月9

版)、《迟疑不决》(1934年6月7版)、《迷途的羔羊》(1935年2月4版),"信箱汇集"之《最难解决的一个问题》(下册,1933年10月6版)、《悬想》(1933年12月版)和"信箱选集"《一生的幸福前途》(1946年7月版)为底本。挑选了其中的120篇问答,分为六辑:求学与教育(20篇)、职业与出路(15篇)、恋爱与社交(20篇)、婚姻与家庭(33篇)、法律与疾病(20篇)、杂类(12篇)。

针对本册的编辑工作,需要特别说明的是:一、《该走那条路》《迟疑不决》和《迷途的羔羊》三集的编者虽为邹韬奋的同事艾寒松,但根据文集的弁言和上文可知,周刊社对信件的处理方法有三种:邹韬奋亲笔回复;邹韬奋口授大意他人代笔回复;编者直接回复。代写和他人回复的信件又都会经邹韬奋审阅后再刊发。故编者虽为他人,实绩仍可记在邹韬奋的名下。二、原则上无编者回复的篇目不选,辑三中《租了小房子以后》虽无编者回复,但因与下篇《又想又不敢》前后呼应,形成一个连续整体的关系,读来颇有趣味,故破例选录。

在"文丛"的编辑过程中,编者以保持作品原貌为基本原则,参照各版本厘定文字差异,订正文字、标点错误,同时对全书体例进行统一。编者对原文内容不做任何改动，只做技术性校注。作者本人的注释按原样保留，删去原编者所加注释，“文丛”编者所加新注注明“编者注”。由于彼时各种原因隐去的内容，均用 x 表示。

本文丛和本集的编选成书，得到了韬奋先生的亲属，全国人大原副委员长邹家华、资深编辑家邹嘉骊的亲切关怀和大力支持，上海韬奋纪念馆、出版博物馆慷慨援手提供图片支持，在此表示由衷的敬意和感谢！

生活·讀書·新知 三联书店
生活書店 编辑部

2017年9月

目　录

辑一　求学与教育

辑二　职业与出路

辑三　恋爱与社交

辑四　婚姻与家庭

辑五 法律与疾病

辑六　杂类

辑一　求学与教育

一个失学的青年

我是一个青年，一个多年失学的青年，光阴真过得快，现在商场中，转瞬间我已经混过有四年之久了。但常感痛苦，自觉胸中浅陋，所学无几，毫无贡献于社会，因此求知之心，无时或已，今幸得友人介绍，进商场联合会所办之夜校读书，补习英文（余前曾读过英文一二年），但最觉困难者，所读生字，均不能十分记忆，余尝从早晨读至夜间，生字寥寥不过二十余个，然隔一小时之后，脑筋内便又模糊不清，不能有所记忆了。先生，学习英文原是这样难吗？请问读英文书有什么极好的方法？有否如何学习英文的书籍？此外并希望指导我学习珠算简便迅速的途径，如有书参考，最好。特此敬请赐教，不胜感盼。

〔答〕学习英文，如初学时生字每易忘记，则每日可以少读，如能持以恒心，勿过性急。日久积少成多，则亦自有进步。凡任何学问之增进，均须经过相当时间，不可一蹴而就，记忆英文生字时，尤须就其上下文之意义，力求了解，连同牢记，则较单独呆记生字省力多多矣。学习珠算之较简便者有《珠算速记法》，定价三角。生活书店有寄售，足下亦不妨一试也。

十八，四，一。

将何以自处

我自阅读贵刊，差不多已有二年了，我始终觉得贵刊所以有这样的成绩，实为热心指导社会上种种困难而不辞艰辛的效果。我每期看了《读者信箱》以后，自然就会发生一种深切的感想，使我憬然明了一部分为人的道理，近来我有几件事情，时时刻刻在我脑海中盘旋着，现在写在下面，希望得着先生的指教，望弗以琐事而责我喋喋也。

我年十八，在本埠民立学校读书，因为志趣不同而又不善交际的缘故，很为本级同学所不满。虽然也有几个同道，但大多数是和我意见不合。我为了经济窘困，也不乐与他们周旋，因为多了一个无益于我的朋友，还不如没有的好。但是以前我因为一件事情，没有顺从他们的公意，很受了一番攻击。去年我在初三丙组，丙组里的国文教师姓孔，学问渊深，年纪有五十多岁了，他因为教室不静，感着困难，对于一班喜欢在教室内吵闹的同学，时常加以责骂，遂为诸同学所不满，以后逢着国文课，格外闹得起劲。有一天，他们临时想了一个方法，乘上课之前，各人挟了书本，远远避开，等到上课钟敲毕时，课堂里差不多一个人也没有了。我因为这是上课的时候，所以没有走开，先生来了，照旧上课。孰料事有出人意料之外者，外面的同学看见我独自坐在课堂里，顿时骂声四起，大呼孝子不已，有几位并且摩拳擦掌，拾了石子、泥屑，向内乱掷。当时我也忍耐着，没有和他们声响。教师为息事起见，也没有陈诉校长。但自是以后，他们对我非常仇视，看见我嘲诮备至，甚么不知团结呀，孝子顺孙呀，好学生呀，种种刺耳的话，不胜枚举，我起初尚用各从其志的话，想缓和他们排斥的空气，后来知道无理可喻，索性也就默不作声。这一年之间，天天和他们相处，环境的恶劣，与所受的痛苦，可想而知了。

这一学期，幸而和他们分开了两个教室，但是这一教室内又出了玩意。上星期一党义课时，又发生去年的故事，这回我恐蹈以前的覆辙，再遭奚落，终于不克自持的而随波逐流了。本星期一的早晨，布告板上一纸告白揭示了，下面一簇姓名，约有五十多人光景，略谓“以上诸生，于今日午后十二时半来校长室，此布”。凡是敝组同学，都有列名，我当然也是其中一份子，午后大家齐集校长室，校长问那天党义你们为什么不上，有没有理由。大家面面相觑，一个也不能置答，校长说，往者不究，姑恕初次，以后再犯，重罚不贷。

我受了这种重刺激，周身血管，为之紧张，心中有无限隐痛，不是为了校长的责罚，更不是为了牺牲一课时光，实在因为处在这种群众势力之下，虽有理由，欲泄无从，虽知大丈夫行事不顾一切物议，只求名正理顺，然而处此也只得违背良心，我因而想到社会上种种纠纷问题之发生，必有如此种性质者在，此问题之急欲解决，不仅关于一学校，一级，也不仅是我个人的问题，我因是而不顾我文笔简陋，不顾先生宝贵的光阴，毅然把此事提出，请问在此种情形之下，将何以自处？先生学识经验，两皆丰富，愿有以教之。

再现在社会上多数人所感着最痛苦最难解决的一件事，大约没有过于职业问题，而在我们求学时代，择业问题也是很要紧的。我明知现在我将各种功课弄好，但在现在的社会，倘使学无专长，惟恐不足以生存，像我这种程度，去选择那一种事业去预备，实为当务之急。且家庭境况不佳，弟妹众多，就食者多，仅赖家父独力支持，设一旦营业不振，为之奈何，而我则年事已长，犹未独立，重累父母，于心何安，每念及此，为之寒心，为之赧然。近来各处招考广告虽多，或旨趣未合，或程度不及，或假考试之名，其实仍须借推荐之力，不然也许应试者众，难有录取之望，凡是种种，皆我今日所最急欲知者，望先生发表意见，以开茅塞，不胜感荷。

〔答〕崖岸自高，守己之严也，有时偏于太峻；随众进退，处世之宽也，有时嫌于太滥。此中消息，宜随其事类而有经权常变之道。吾人但须对紧要关头不许放过，若遇较小之事，固亦不妨酌量情形也。择业问题须随本人天性旨趣及环境种种不同之情形，而有兼筹并顾之必要，宜对于各方面加以审慎之考虑。

十八，四，十一。

中学生的留学问题

现在让我自白是一个怎样的人，我是一个广州的青年。广州青年大概都能抱定“天地吾庐，四海吾家”的志愿，谁也知道，这是由于地理上环境上的自然力所使然的。我就是抱定这个志愿的一份子，是以在十六岁那一年恰巧毕业初中之后，便负笈来沪，接受这所谓中国文化总汇地的熏陶了。光阴是溜走了，我也快在高中毕业了，中学毕业后接着便来了升学的问题须要解决。

因为家庭的经济是可以供给我升学的，于是我接续想到升国内的大学去呢？还是留学去呢？后来我从多方面的考虑，决意留学去了，我的理由是：

（甲）“人生”即是人类生活动作，换句话说：生活是活动，求学又何尝不是一种动作，一种活动呢？我觉得旅行是人生最愉快的活动，其实我们人类便是一群长途的旅行者；

但是人类又是求知的动物，我们不能为了旅行而抛去求学；在鄙意看来，惟有使求学形成“旅行化”，只有留学是可能办到；因为留学异国的人是曾经过碧茫的大海，登过奇翠的青山，他们接受大自然的恩泽，他们接受异邦人士的熏育；在在可以免蹈孤陋寡闻之弊。

（乙）留学教育当然是一种补助国家高等教育的促进的办法，以目前而论，中国良好的大学在那里？我只看见有名的北平大学、中央大学渐渐衰颓下去了！其他的冒牌野鸡式的大学正多着哩！中国高等教育已成破产的现象是无可讳言的。在中国学术正须赖人家扶助的时候，我们留学是非常应该的。

我根据这两个理由，于是留学去的问题已经决定了。但是近来经过自己检查过一些关于留学问题的讨论文章以后，我的精神上是受何等大的刺激呵！我近阅《中华教育界》第十五卷留学专号的内容，都是反对留学的议论居多。

青年人的志气是豪放的，青年人的行动是漂泊的，豪放的志气，漂泊的生活是青年人所应具有的。先生！我以为留学是最适合这个条件！未知先生之意如何？请先生在可能范围里作一篇《中学毕业生留学问题的商榷》，而且可以供给今年暑假快要中学毕业的青年而有意留学者一个参照的材料。

〔答〕足下有力留学，诚属佳事。惟中学毕业即留学海外，似不如俟大学毕业后实行，则关于国内一切情形，更能详悉，然后留学海外，观察较有把握，将来回国贡献可以较为切实也。

十八,六,十二。

霹雳

我是一个快要辍学的女子。当我在十岁的时候，不幸我的亲爱的母亲弃养，是年秋，姊姊又步后尘。母亲和姊姊死后，家里又没祖父母或叔伯，赖仁慈的父亲兼尽母职，扶养我们，已有五年，所以我和弟妹不因了没有母亲而稍苦，为我们吃苦的人除了父亲，也没有第二个人。

我在今年暑期高小毕业之后，心中自然很想升学，但在事实上，恐怕不能达到这个目的。有一天，我的父亲对我这样说："我不是因为你是个女孩子而不愿意使你受中等教育。你是有两个弟弟一个妹妹而没有母亲的人，家里没有照顾；我是一个近五十岁的人，外而酬世，内而顾家，身体上很疲倦，并且一向很弱，不时疾病，又没有侍奉汤药的人，不得已，想叫你辍学，你以为怎样？"

唉！我听了如半空里起了个霹雳，惊得什么似的。半晌开不得口，眼泪不知不觉的夺眶而出，呆呆的站在那里，动也不动的望着父亲。

他又说：“你若是一个好孩子，我想你是总不为了辍学而就不研究的。如世界闻名的林肯，他只读了十八个月的书，其余都是自修来的。中外名人由自修而成名的多得很。你要什么书，对我说，我同你去买。”

先生，这事怎么办呢？我若辍学，那末将来怎能在社会服务？只好做一个不事生产的人了。若不辍学，父亲有这样的重担，我不去分担，还有谁呢？自修果然好，怎能比得学校里教得明白？可否请先生想个万全的方法？不胜铭感之至。祝你健康。

再者，本埠有否良好的函授学校，也请附告一声。

周文彬　十八，八，六。

〔答〕照周女士所说的境地，本刊上期里所登《麦克唐诺的女儿》一文似乎很可以供参考。那篇文里所述的易色柏女士便是一面助父亲主持家务，一面继续的入校求学。

横在周女士眼前的问题不外两途：一是效易色柏的办法，就是一面助理主持家务，一面继续的入校求学；一是辍学在家，作自修的工夫。我们以为周女士当尽力筹谋第一个途径，能用第一法最好；至万不得已而无可如何时，只得用第二法，因为我们解决任何问题，都只能就可能的范围内尽我们的心力做去，不能超出所能利用的凭借而凭空解决的。

周女士的父亲说自修也是一样的可以获得学问，这句话当然是不能说他错的。不过要明白，能入校求学可以算是第一条路；无力入校求学，不得已而全用自修的工夫，可以算是第二条路。第一条路当然是顺些、快些；第二条路当然是曲些、慢些。如遇着实在无法走第一条路，只有第二条路可走的人，我们当然不对他说他是无路可走了，当然要说第二条路也是可以走的；因为有曲的路慢的路走，总比不走的好，况且确有许多人因不得已而走曲路慢路也达到了他们的目的地。但是力量能够走第一条路的人，我们还是劝他走第一条路，并不劝他走第二条路，因为顺路快路当然比曲路慢路好些。试再用一个譬喻来说明这层意思。由上海到苏州有两条路可走：第一条可由京沪路的火车去，只须两小时就可以到；第二条可由苏州河乘民船去，要一日一夜才可以到。无论那一条路，如能继续不断的前进，都可以达到苏州，这当然是不错，但是有火车可乘时，或乘得起火车的人，我们当然还是劝他乘两小时可到的火车，不应劝他乘一日一夜才到的民船；如无火车可乘，或乘不起火车（尤其是搬运行李之类），那只得用民船了。

求学是有志求自立者最重要的基本方法，女子要得未来的幸福，或免未来的危险，无论嫁后用得着用不着，有了可以自立的学术，总可以加一重保障。周女士的父亲如在经济方面没有问题，尽可另用比较干练的女仆，或延请相当的看护，日间照料小孩，女士尽可在日间入校肄业，做通学生，晚间回家略加审核指挥，主持大体，似非绝对办不到的事情。以上是就采用第一法着想。倘她的父亲在经济上有问题，第一法无力实行，那末不得已，只有实行第二法，就是只有在家自修，或进一函授学校。

总之，我们以为周女士宜尽力设法走第一条路，实在不得已时才走第二条路。

男女不平等的最大原因

我觉得男女不平等，最大的原因，是因为女子没有职业，经济不能独立的缘故。

我家本有田地共一百余亩，估值一万余元。我是一个失学的女子，我现在预备进××市成年妇女补习学校。经费每年一百元。这钱预备向母家要，因为我没有亲兄弟，现在的阿哥是远房承继进来的，现在还有八十五岁祖母在堂。先生，这笔遗产可以追溯吗？

我不欢喜学歌舞，加之我性子不好，够不上做幼稚班小学生的导师。我的性子疏懒，也不可学缝纫。我想妇女校三年毕业，入产科医校，将来做个助产士可吗？或有别种宜于女子的职业？

十八，十，六。

〔答〕女子欲获自由，须先养成自立能力，女士有志力谋补习，卓见甚佩，选科一节，我国女子以习教育及产科为最普遍，女子在各机关任文书职务者，近亦渐多，女士既愿为助产则入产科学校，似亦相宜。承询承继母家遗产问题，如父母尚在则为时尚早。现需入学费用只可向父母婉转商量请求津贴，暂时似尚不能提出承继一说也。

十八，十，七。

我不愿就此堕落

我的父亲极专制威严，并很轻女重男，他最反对女子在社会上去做事，他说："女子在外做事，品行就会坏起来的。"他使我读书的目的，不过要我会写家信及日用小账罢了。今年暑假他受后母的怂恿，竟不许我再进学堂，但是我现在刚卒业初中，学业尚未成就，将来在社会上也难以谋生，长此闲居家中，则我的前途不堪设想了。

我的私志，想弃学从医，因学医可以立身，又可以济人，以我所处的环境，不如学一种专门技能妥当。不过父亲极不满意我主张独立，我要学医，他自必也不赞成。请先生授我良法，如何能使父亲许我学医？我很想到上海来学医（因湖北没有好医院），请先生介绍我几处好医院（不要产科及天主教设立的），上海伯特利医院的内容如何？先生知道否？以上几个问题，费先生的神，明确地回复我。

总之，我不愿就此堕落，做男子未来的寄生物，我必定要谋一技之长，使我国少一个分利者。请先生帮助我的希望实现。专此敬颂撰安。

十八，十，七。

〔答〕女子欲求自立之能力，最重要者在求得相当之自立学识技能，卓见及此，至深敬佩。令尊虽未有允意，常多托渠所信任之亲友代为说项。或可允许也。至承示学医一节，特代转询医学专家。据云：医科教育原系大学专门程度，入学之时，须先有中学完全之基础，方能造就，初中虽了，相差尚远。上海虽有一二私立医学校，只求广招学生，不计程度如何，但听讲时既无科学基础，自然不克充分明了，因循蹉跎，实非所宜。求其次者，产科是已。原系职业学校，恰巧高中程度。现在上海产科学校成立较久，成绩优良，能得社会信仰者，如同德产科学校，校长金问淇；中德产科学校，校长俞松筠；人和产科学校，校长张湘纹。以上三校均无宗教色彩。医院非学校，学医者及学产科者仅于其学程将毕业时在院实习而已。彼始终在医院肄业者看护生也，普通三年毕业，毕业后依法律不得执行医生业务。看护生普通为初中程度，亦有较高者，惟各医院看护生之入学次序往往参差不齐，而招致新看护生以是亦零星而无整批。因是难得于报纸上披露，有志者只得随时向各医院询问，或请医师介绍也，总计以上三种医学校与产科学校须缴相当学费，手续与普通学校相仿，看护生大都除初起若干日为试用期，以后可月得津贴若干元，如办事勤慎者，得按期增加其多寡，视各医院之情形而异，惟须先付保证金二三十元乃至四五十元。倘期未满而中途辍业，即不复发还，以上云云，系就上海情形而言，如女士能就汉口设法，则为地较近，必较易获得令尊之同意也。诸希酌夺为幸。

十八，十一，四。

决定投身农业

在目前政治黑暗社会混乱的中国，苟无权势金钱之力，欲谋一相当位置真是困难之事。一般学识优美经验丰富而不得位置者，真不知凡几；而所学非所用，但求一饱者更比比皆是。这种情形与学生以极大恶影响；有势有财者贪图幸进，不肯用功，往往借读书为名，日以淫乐为事；而努力求学者鉴于前途茫茫，态度消极，心灰意懒。此种现象极为普遍，任何学校都可观察得之。余本在光华肄业，因病辍学，今寄住××自修作投考大学之预备。然为将来职业问题及个人事业计，常常寝食不安，一方面要顾到自己之智力性情，他方面又要顾到社会之需要与将来之发展，余经长时间之考虑，今始决定投身农业，因为余性淡泊，不善逢迎，农业可以自谋发展，不必多多求助于人，颇合余孤独之志，不过（一）国内农校有几？（二）何者设备最完美？（三）劳大内容若何？（四）投考农校须预备何种功课？（五）既进农校之后当如何研求？（六）农业中之何种关系国家至大急须研究？以上六问题求之新出之《学生指南》农学院篇竟无所得。好在先生乐为青年指导，特草此函恳求解答。

十八，十二，十。

〔答〕承询农业教育事，敝刊特代询专家，现已得复，据云：国内高等农校有国立中央大学农学院（在南京），中山大学农学院（在广州），北平大学农学院（在北平），浙江大学农学院（在笕桥），金陵大学农林科（在南京），南通大学农科（在南通）。此外山西、河南、湖北、山东均有农专，其程度与江苏中等农校相仿。其中以中央大学农学院为最著，其次为北平大学劳大，投考农校须数学、理化、国文、英文，凡高中毕业有大学预科程度者已足。农大学生往往偏重学理，而于田地之实际工作大多忽视，致实习经验不无见逊于中等农校学生，故其研究之法在探讨学理之外，更宜注意于实际调查，实地练习，并力谋与农民接近，俾得洞知农家实际情形，然后因势利导，以图所学之实施。至农业分科繁多，各随个人志愿与目光，未便一概而论。以言与国家关系，则无往而不与国计民生有关，即无往而不与国家有裨，垦殖一科于国家边防国民生计关系尤巨。惜国内农校尚无特设此科云云。特此转达。

十八，十二，廿七。

何处有较佳的幼稚园

我有一个外甥，今年已经四岁了。他的四岁，比别人家长的大，看上去有五岁的样子。因此他的母亲来问我，何处有较佳的幼稚园？要想送他进去，交给他们校里去管着，以免学习种种不良习惯，为将来社会上做一个有用的人物。况小孩在小的时候，最易流于所谓“近朱者赤，近墨者黑”的古训，所以小孩的基础教育，是很要紧的。但是上海的幼稚园很多，不知道那一处是可靠一点，伏望先生速覆为盼。

十九，三，三。

〔答〕查上海小西门黄家阙路务本女学幼稚院，上海槟榔路胶州路潘园上海幼稚院，上海胶州路上海学院幼稚园，上海蓬莱路西成小学幼稚园，上海尚文路上海中学实验小学幼稚园等，以上诸校，均有可取。

十九，三，十五。

想学音乐

我自小就是喜欢音乐的，今年是想到国立音乐院去，曾几次和父亲商量，可是总不答应。他说：“你将来就一世靠音乐吃饭么？哼！那就有夏布裤子过冬呢？”哥哥也说：“你不能这样瞎来，别的大路多着呢，为什么偏偏的走这音乐界的小路，我看就是将来学成，社会上的出路是很狭的，并且在这样的中国，不努力于国家所需要的事业，而偏偏朝着于国家一无利益的艺术界上奔，这倒是一件要紧的事，看你还是早迁方针为妙吧！”

这样不但使我一时觉悟，并且深恨以前没有早迁方针，以至分心在音乐上。这样一来，音乐念头，固然一时打消了，所以进音乐院的念头，也打消了。但是不上一星期，心神上如有所失，耳中像久乏音波的灌溉，觉得干燥得很，虽时常极力的压抑着他，但是总强不过天性的爆发。

先生！请你替我决定罢，我实在不能忍我那心神的失落，天性的爆发了，并且也受不住父兄那般说诉的恐吓了。先生！我相信你一定有圆满的答覆我。

十九，三，八。

〔答〕承示性近音乐，有志研究，如能就性之所近而学习，易于专精，自属更佳。至令尊等以音乐出路小，虽不无理由，惟愚意将来出路，亦视所学能否专精为断，苟因性近音乐，而果能深造，则较之勉强学习性所不近之事，以致将来碌碌无所表见者得计多矣。倘除音乐外，自审尚有其他可与性相近之学问，则另作考虑，亦无不可。是则须本人自加审慎之考虑，殊非旁人所能凭空代为解决者矣。

十九，三，十一。

升学与体弱问题

我觉得《生活》是我的好友，所以好久以前，便欲有所请教于贵刊，但总以特别情形而难握笔，因此无从偿此夙愿。现在将我所感着困难的问题写在下面，望代答覆。

我第一感着困难而难于解决的，就是我是否应该再去升学。我的家庭是小康之家，约有十人，而弟妹之须入学者约有四五个。我的教育费已无问题，有问题的只是弟妹们的教育费。因为他们有的已经毕业于初中，有的已毕业于小学势不能不升学，升学又不能不增加家庭的负担，但这负担，家庭无论如何担不起。如果我不升学，他们或者可以没有问题，但我刚是高中毕业，如何可以就此停止？先生，你看我是否应该去升学？不升学又将怎样办？

其次我感觉困难的就是怎样解决身体衰弱的问题。我的身体本非极弱，但是因为从前不注意卫生，现在已是一个衰弱者。衰弱的现象，第一是记忆力薄弱，第二是不能做稍为用脑的工作，第三是体重不及标准之数，高五尺六又二分之一寸，重一百十五磅。因为记忆力薄弱，又兼不能多事用脑的工作，终日只是从事运动和浏览书报的轻便工作，因此学业毫无进步。关于体重方面，我曾努力过几次，但是总归失败，有一次反因为运动而兼伤风的关系，足足轻了十磅左右。先生，这三点也请教你为我设法。

十九，八，二。

〔答〕承示升学问题以家庭经济关系，故诸弟妹不能同时升学。查经济问题，确难解决。惟吾人作事，只得在可能范围内尽力做去，此事解决，不外下述数途：（一）如能设法或想一俭学办法，即用最经济之费用，而能使弟妹等共同求学固佳；（二）否则经济既无来源，又无设法之处，而令弟妹尚年幼，不能谋职业，惟有暂留家自修，将此升学费，先供给足下一人升学，俟学业可告一段落，在社会上可有相当职业，然后再贴补令弟妹等入校求学；（三）如足下目前即可寻觅一就业机会，一面自修，自愿将此升学费先使令弟妹等升学，亦是一法。以上数者，何去何从，当就可能范围内斟酌做去。承示身体甚弱因作运动而更瘦弱，查身体瘦弱，不宜剧烈运动，且运动时间亦不宜过长。初练习时，仅须五分钟或十分钟，渐渐加至半小时，持以恒心为之，渐渐自有效力。倘身体过弱，一时不能作较劳运动，仅多散步，亦有裨益也。

十九，八，十三。

助友求学

我现有一个很幼稚的思想，请先生为我指导且纠正罢，你能不能够替我劳心呢？

我有一个朋友，现年十八岁，在大学已经两年了。他家里的经济状况，在风平浪静的时候，也还勉强可以，可是现在为土匪所掠扰，不但对于他的学费成问题，连他家里的人吃饭也成一个很难解决的问题，所以一年来他很是受困受苦。但是他并不以此而抱“悲观”，因为我们在同学的时候，抱定一个宗旨，今后我们所过的生活，要浪漫而纯洁，真爱且道德，活泼更康健，其他像恋爱婚姻等问题，一概不管。我们只晓得很快活地努力专心去读书，我们相信我们的前途是可乐观的，我们不晓得贫苦与富奢，只晓得人生无苦就没意义。我们以为像我们的青年只有两个问题：即是经济与学问。经济是解决学问问题的，虽然重要，也没多大意义，可是学问却很重要，我们想堂堂地做一个人，或者是做一个“替人类做人”的人，都要从学问里产出来。所以我们对于求学，视为大问题。我们抱了这样的宗旨，我的朋友为了学问，也就很快乐地接受他的苦，但是我怎能忍心见他受苦呢？我的环境比他好点，他是一个孤儿，我却是父母双全，在经济方面，比“勉强可以”更要好点，然而我不能拿一笔钱来帮助他，因为我的父母认为我太幼稚。我于是只好在我的求学费中，“俭又求俭”的节省一些钱来帮助他，但对于他也“无济于事”，还是有辍学之势，如是我想偷偷地离开我的父母，到远处找一个相当职业，把所赚的钱去做他的学费。但是我的年纪比他还小，我如何能跑到外边去。亲爱的先生，你有什么法子么？我们的宗旨与计划对么？深望先生指教。

十九，八，十三。

〔答〕承示有一友人在大学求学，现以渠家中为土匪掠扰，以至不能供给渠求学，但渠又抱定宗旨，只有求学。故足下拟成其志，而自己谋一职业，将所得之钱，供给令友求学。如此义侠，固甚敬佩。惟如此则自己不能求学，亦一待决问题。如自己愿意如此牺牲，他人固亦无从顾问，牺牲之事，在乎自己酌行，旁人殊难代决。愚意吾人解决问题，只得在可能范围内做去，在令友一时未能求学，未尝不可设法寻就相当职业，以待机会，否则累及足下不能求学，恐令友于心亦有所未安也。

十九，八，二六。

迟疑不决

我本一高中二年级生，下学期即为高三。余因鉴于同乡中从前同班者，现多有考入大学者，故于此暑假中投考大学。对先生不妨说，文凭系友人代我造的，现已取录CS大学。CS大学距故乡较沪近，用费较沪少，故家中亦甚希望我进CS大学。惟我现所以迟疑不决者：（一）文凭假的，于道德方面，未免作伪，设文凭查出被革奈何！（但有一同学，亦假文凭考入，他决去。有人说该大学不注意文凭，不甚严查，未知确否？）（二）我之英文程度不甚好，恐入大学后，多所困难。倘若不去，同学或他人必骂为“阿木林”，失此良好机会可惜，设今年考取而不去，若明年毕业后又未考得，岂不后悔弗及。左思右想，进退为难。同学多有劝余去者，心中怦怦欲动，而不敢决，且不能决。用特取决于先生，想先生必不吝教，晚当感谢不已。

十九，八，二五。

〔答〕承示业已考取CS大学，惟以文凭系从某同学借用。对于资格问题，现在教育部定章甚严。欲投考大学者，须有高中毕业文凭，始能应试。此种限于资格，敝刊向来反对，但在教育部未改革前，亦非一二人所能为力。在足下此事如将来查出，恐该校或将按章开除，此事应否前往入学，须足下自审有无被发觉之危险为断。

十九，九，四。

明年怎样

我自读了贵刊之后，获得了许多处世的智识，尤其是纠正了我一向消极的思想，增加了我不少奋斗的毅力。

我几次想把我的困难问题来求教先生，但是每次都被虚怯心所阻止，现在我顾不得文章幼稚，因为除了求教先生之外，没有别法可想了。

我生长在极专制极腐败的家庭里，因此连受国民教育的机会都没有。但是目击四周寄生着的女性所过的非人生活，觉得非赶快求经济独立不可。为了要求自立与自由，反抗了旧礼教，被社会唾弃，家长凌虐，忍辱含悲，奋斗四五年。在民国十四年暑假得了未婚夫经济上的帮助，才决然脱离家庭到杭城入初中求学。不料一年之后，经济失援，被迫南渡，这时常深深地感到仰人鼻息的苦痛。南来后，满想继续求学，那知道南洋的初级师范，十分幼稚。里面教师的程度和我相仿佛。同时他（未婚夫）已替我接定了乡下某小学的聘书了。我处在这样的环境里，回国既不能，寄生又不愿，除了背着良心去滥执教鞭之外，没有第二个方法。一混下来已四年多了。因为学识不充，受尽了落伍者的苦痛。现在我略有些微积蓄，经不起良心的责备，环境的刺激，决定年假回国求学。不料近在贵刊上读到“教育部严限资格，没有文凭者不得考试”的消息，那末不是我升学的机会都没有了吗？许多朋友劝我进野鸡大学，我也极希望能有受高等教育的一天，不过进害人的野鸡大学，我不如进设备较善的高级中学。不知道没有初中文凭可以考插高中吗？请先生告我。并不是我好高骛远，实在我经济不充。如果年限太长，不能维持到毕业，岂不仍旧枉然？不过想到国内大批的毕业生找不到职业，又使我十分寒心。先生！照我现在的程度，小学文凭都没有的我，在国内一切严限资格的社会里，能够找到相当的职业吗？可恨不用资格的劳动界，我的体力又够不上。因为我受了黑暗家庭长期的蹂躏，身体已失了健康，南来后气候不宜，工作繁重，更见衰弱。这也是我亟欲回国的原因之一。

近来因为不能解决“明年怎样”的问题，精神十分苦闷乱，烦一刻不得安宁。先生！我明年仍在南洋勉强支持呢？还是回国升学呢？照我的学历，升学能够没有阻碍吗？盼望先生明白指教。

十九，十，十九。

〔答〕承示现在南洋教书，但以愿求高深学业，故拟返国，入高级中学，志趋固极可嘉。惟目前国内教育部严限资格，升学考试，非有文凭不可，对于此事敝刊素所反对，屡有文字在本刊上发表，谅女士亦已鉴及。五卷四十四期内由编者径函教育部次长朱经农先生，反对投考严限资格事，此事或能得改善之结果，亦未可知。惟在教育法令未改革前，女士在南洋既有职业，似不必急急归国，一面仍可继续执教，一面则可多阅有益书报，亦有裨益，俟将来有机会时，再图进取。惟闻女士现在南洋，对于饮食起居，不能习惯，不知有碍身体健康否？倘不过不能习惯，则略久之后，当可缓缓安之，如因水土不服，有大碍于健康，则身体为事业之母，自当另作考虑也。

十九，十，廿二。

无一事可学

余现年二十，现在服务于某洋货号，至今已将近一年的期间了，扪心自问，毫无所得。每天的工作，只是学的吃饭问题，有如古人所说的“将军不负腹，腹有负将军”之语，你看惭愧不惭愧呢？该号每天的事，当店员的人，除执事人叫我拿烟倒茶添饭而外，无一事可学。在执事人方面，以为非此不足以为学，必经过此等阶级，方能够造就渐进。兼之号中的管账先生们更抱把持主义，恐怕店员等见习熟了，将来对于他的位置，大有妨碍，故写账的时候，写好了，随即锁在保险柜内，使店员等无从观察。即使伊在写账的时候，就得一点机会去看，恐怕管账的先生们，一定要这样的说，你是一个学生意的人，各人在外面去坐作，你在这里看什么东西（此事为商场管帐先生的通弊）。我也曾经受过他们厉言正色责备过来的。照这样看来，学生意的人，还学什么？

我实在不知道要那样才算学？况且执事人曾向账上的先生们说过，凡关于账目的事，不妨拿点给我们去做，一则可以分劳，二则以资练习。话虽是这样的说，他们只是装做不肯这样的行。先生你想，凡是一号的事，第一帐目为重，其次就是交易的情形，一概都不学，每天只是学拿烟倒茶添饭跑街的事，就叫做学生意么？故商场的店员，蹈其辙以致失业而不能谋生计者不知有几千万人了，言之实可痛心！其中不平的事甚多，一言难尽。

先生，现在要求你拨点冗，代我解决下列几个问题，想先生素以诚恳为读者解决一切困难问题，当不以我愚蠢见弃而不教吧。

（一）凡店员服务一号，原为见习一切真实商理，首重实学，应否以有用之材，施于无用之地？

（二）我是一个求实学的人，进号已将一年的光景，现一事无成，心中实在难安，恐长此以往，有碍前途，必须如何才是？

（三）管帐的先生抱把持主义，应否报告执事人，抑或如何设法处置他？

（四）执事人对于杂役事项，督率店员之苛刻，是否应当经过此阶级，然后能学?

一，十九，二十。

〔答〕承示在某店为学生，司帐者把持一切，不便学习情形，此在学习原理上言之，诚有未当；但查我国旧式商店之店规，大概如此，司账者对于帐目等每讳莫如深，对于初学者尤甚，固不仅宝号如此。此种积习，自非一朝一夕所即能改良，最重要之点，仍在未来之人材，如足下等将来自己主持店务时加以相当改良，则为势较顺耳。承询各点敬就管见奉答如下：（一）实习宜重实学，自属不磨之理。（二）在店一年，仍觉一事无成，此事只有试再忍耐学习，如不愿再习，只有留心其他较佳机会。不过愚意以为学业愈深者，学习时期亦愈长，似不宜过于性急。初来之时，信用未孚，店中当局或不敢即令负重大之责任，将来信用渐深，责任亦可渐重也。（三）司帐者把持一切。应否报告于执事人，愚意如学徒报告，恐无效力；况旧式商店中对于司账者甚为重视，目前如无机会即习帐目，倘能随时随地留心，则除帐簿外，关于商业上之待人接物等等经验，或可先行学习，俾增经验。执事人对于店员杂役事督促甚严一层，在吾人观之，似须视其杂役之性质为断；倘与职务上有关系之杂役，固亦当为，倘与职务上无关系之杂役，则不应用以分去学习正务之时间。但就旧式商人方面言之，彼等主张作学徒时，须多做一切杂役，亦有其一番理由，据谓如此始可令其深知艰苦，磨炼其才干与心性。总之，现今旧式商店尚未改良，确有不满人意之处，此事须由政府加以注意，颁布管理之规章，或可有效，殊非一二私人所能为力。惟此时之政府，恐亦无暇顾到此事耳。在未改良之前，欲学者只得就其范围，否则只有另觅相当机会，预备卷铺盖而已。

一,二二,二十。

说不出什么理由

我是一个教会学校里的学生，中学将毕业了。我记得我十年前——没有进教会学校——在学校中的国文，谁都没有我的好；先生都赞我有文学的天才，鼓励我对于国文方面特别用功，将来定有成文学家的希望。我当然很愿听他的话，以冀真正的成功。

不知甚么缘故——那时的我，随随便便的甚么都好，我后来到教会学校读书了——就是现在的这个——我的国文仍旧没人比我好；但是谁都知道的，教会学校中注重英文的，我的英文程度，却好和我国文成反比例，我没法想，只得请求同学帮助，一面自己努力学习。果然，几年中努力的结果，到现在已挤上了一级之顶。

或者我是个不肯用功的学生吧！我于课余从不曾拿化学或物理来看，平时和几个同学唱唱歌，弹弹琴，读读英文、国文，到考的时候，对于英文当然没有问题，对于化学、物理只有在考前问别个同学，何处较为重要，就大致的看几遍，考过后，又在脑后了。我的对于化学、物理的疏忽，我自己竟亦说不出什么理由，不过觉得它烦闷无味罢了！

试思在此科学昌明之日，我竟一毫不注重，我也想几次改过的，我曾想如英文那样的用功，逐渐由不好而变好，但是一卷书到手，就觉得不高兴了，有时竟昏昏沉沉的不知看了些甚么，想不看吧，倒难以舍去。

我问过父亲，“我要忍耐着研究不？”他回答我说：“你高兴研究，就研究研究；不高兴研究，还是多读英文，况且你的英文很好，你再用心读，用处很大呢！”这几句话，我有些怀疑，就是他老人家是吃洋饭的，他说有很大的用处，或者也就是好吃洋饭的缘故吧！

在这里我十分恭敬的请求先生解答我的疑问：到底他老人家话如何？并且我在学校中，也有很多的人，不是好了这样，便是坏了那样，到底这种态度对不对呢？

十二，十三，二十。

〔答〕承示对于化学物理二科，甚觉乏味，是否须加研究。愚意吾人求学或择业，如能就各人天性所近者为之，则易感兴趣，而亦易受效果。化学与物理亦为科学中之重要科目，如属中级程度者，在中等学校中为必修科，寓有使学生富于高等常识之意。除有特殊情形外，实为人人所必修者。至于高级程度者，则有大学部中之专科。倘非有意学习此二科者，固可不必问津也。今女士既对于此二科乏味研究，愚意可分两层述之，以供参考：（一）校中既以此二科为普通科学之一，视为应具之常识，则在女士尽可稍加注意，只求其能及格，其余精神，则全注于己所喜学之英文国文，使得精进之成绩。（二）如自审性情对于理化过于不近，虽欲略加注意，亦有不能及格之苦，则只得斟酌改入其他相当之学校矣；尚希酌行为幸。

十二，二一，二十。

一段争论

我现在来烦劳先生给下列的一段争论，加以批评和指正：

甲：初中以上学校的学生，无论他毕业后升学与否，均须读英文。

理由：（一）（对于不升学者）世界语言，以英语为最普遍，无论将来在商界或工界，都是今非昔比，接触或需要英语的机会很多，不懂英语者，时常会感到种种不便。（二）（对于升学者）高中以上数理或其他科学用书，大半都是原版，目下以国文编成的科学书，还嫌太少，好的译本也属罕见。至于研究文学的，英文的佳作很多，就是其他各国的佳作译成英文的也不少，研究文学的人自然有读英文的必要。总之，学生升入高中时，对英文都应具相当的基础，所以教育部改初中三的英文为选科，似乎也有些儿不妥。

乙：在初中的课程内，英文应改为选科。

理由：中国人若不想做别国的奴隶，实无个个人读英文的必要。英文只是对少数人是需要，其余都可不必读。譬如有的一出校就在内地教育或其他行政机关办事，除了几个阿拉伯数目字外，别的外国字竟是一生用不着；就是升学者也可不必读英文，科学用书应由一般专家译成华文，这样一来，英文还有什么用处？

以上甲项是我的意见，乙项是一位同事的意见，究竟是我错他对，或我对他错，或两个都错，请先生替我们决定。

十二，十六，二十。

〔答〕承示甲乙二意见，均有理由。（甲）初中以上须读英文，固有其相当理由，盖我国目前科学，尚未发达，高深科学之书籍，尤少良好之译本，则能通英文者即可参阅其西文原本。不过世界语言虽以英语为最普遍，如不善英文，而能通他国文字如法文、德文或日文者，于研究学问方面，亦有裨益。大概须视所学科目而定。如今读工科或医科者，则选读德文者亦不少；倘能多通数国文字，当属更佳。（乙）初中部英文应改为选科，亦自有其理由，盖就上节所言，吾人研究英文，不过为研究西洋学识之工具，如无意研究西洋实学者，即在目前亦非中国人个个国民之所需要也。至谓中国人读英文必为洋奴，殊属不确，如日、法、德各国之大学院内外国文亦属一种科目，彼等亦视为研究学术上之一种工具，固与为奴无涉也，故所学英文须视其动机与用途如何，如仅志在做洋行买办或西崽，则自愿为奴，与学习英文之视为研学工具者固绝对不同矣。

十二,二一,二十。

求学……做事……讨老婆……怎样好呢？

我是高级中学读了半年的一位苦青年，我是生长于一个很穷苦的家庭。（中略）学费是我一位舅父帮忙的。不幸这位舅父于两月前逝世了，于是我便没有了救星，其势不得不辍学。现在我的父亲已设法托人在某银行里荐得一个位置，叫我放学后就去做事。这是我十分痛心的事，我自量我的终身便从此亡了！我真对不住器重我的那位舅父啊！想到这两点不禁下泪。我的志愿要求学，实在不愿意就辍学做事，而今处在这种退进两难的境地，痛苦已极。不但如此，我的父母看见我已十八岁了，他们固然出于好意，要替我讨老婆，我虽再三推却，他们总说这件事没有办，他们好像有一件心事放不下。我现在听他们这样苦劝，又被我的舅母数次的力劝，意已活动。不过我父母不能顾我的学费，当然不能替我养老婆，就是极力帮我一小部分，我自己也要负一部分责任，银行初进去的时候，薪金又微薄，也是一件担心的事。我要求教于先生的问题，简单说起来，就是下列两点：（一）现在要不要决计辍学就事？（二）现在要不要体贴父母的意思，即行结婚？唉！我要求学，现在不能继续求学，逼得我要做事，同时苦劝我讨老婆，我已经数夜苦思不寝，怎样好呢？我现仍在坚持，专等先生的指示取决，请速回我一信，至盼至盼！

林志章

〔答〕综括林君的来信，最要急于解决的问题有两个：一是，“现在要不要决计辍学就事？”二是，“现在要不要体贴父母的意思，即行结婚？”林君最觉得痛心的也有两点：一是，“我自量我的终身便从此亡了！”二是，“我真对不住器重我的那位舅父啊！”我现在回答林君的话，请分作两部分。第一部分包括第一问题，兼及所举的两点；第二部分包括第二问题，也兼及所举的两点。

我对于第一问题，以为既然“其势不得不辍学”，同时林君的父亲又“已设法托人在银行里荐得一个位置”，似宜决计辍学就事，用不着多疑，倘若多疑迟延，就事的机会丢失，续学于经济能力又无可恃，那真是到了“进退两难的境地”。所以我劝林君对于第一问题，可以毅然决然这样解决。（林君在这种地方，或者想到半工半读的意思，则请参看《最难解决的一个问题》。）不过这样解决，林君或者又不免想起上面所说过的最痛心的两点。其实这两点完全没有根据，简直可以说是误会，既承林君不弃下问，所以我老实不客气，这样直率的奉告，现在让我先讲第一点。

我请问青年诸君，我们为什么要求学？做事是否便断绝求学的机会？对于第一问题，黄任之先生有几句话说：“人生必须服务，求学非以自娱。无论受教育至若何高度，总以其所学能应用社会，造福人群为贵，彼不务应用而专读书，无有是处。”对于第二问，黄先生也有几句话：“求学与习事，初非两橛。以实地工夫求学，以科学方法习事，互相印证，其乐无穷。”（详见《生活》二卷五期）总之我们求学本以“做事”为归宿。现在有些青年往往以“求学”为可贵，“做事”为可贱，好像一个人一生一世只要求学不做事便得，无论何人，只要仔细想一想，没有不知道这是大大的误会。而林君竟说因要做事而至于“终身便从此亡了！”未免过于看轻做事了！我读林君的信，敢说林君必是一个有志的青年，想必不至于此，或者林君以为做事固所愿，但是现在学未成而做事，未免耽误前途，如果这样想，未尝没有理由。但是我们要晓得人们事业的进展，本有两条路：一条是境遇比较顺利的人走的，就是一直升学，等到大学学业或专门学业完成的时候（其实学业那里有完成的时候，这里不过指毕业，告一段落罢了），到社会上去做事。还有一条路是境遇比较差一点的人走的。就是因特别原因而不能一直升学，半途先做事，一面做事，一面增进自己的智识能力经验。这两条路比较起来，第一条路容易走些，第二条路难走些，但是照我们所耳闻目见的，不但走第二条路的人成功之后，与走第一条路丝毫无异；而且成功的反而比较的多。第一条路是可以达到成功的；第二条路也是可以达到成功的，决不是“此路不通”的死路。（无论走那一条路，能否达到成功，都在乎走的人怎样。）这样看起来，因不得已而提早做事，并非没有成功的希望，也并非没有求学的希望，更断断不至断送了终身，林君倘若明白这个道理，与林君处境相似的青年倘若明白这个道理，便不至悲观。一个人的心理作用最利害，过甚的悲观反是失败的根源，切须注意。第一点既经说明，第二点也迎刃而解了。因为既未断绝成功之希望，林君只须尽个人的力量，在自己能力范围之内力求发达，做成一个成功的人，他的舅父必“含笑九泉”，何至于对不住呢？

以上所说的是第一问题。现在请再简单的商榷第二问题——应否即行结婚的问题，对于这个问题，我极力劝林君坚持到底。初入银行，位置略低，薪给略小，不足为病，但是经济窘迫的时候，加上家累，无异加上手镣脚铐，精神与物质方面都陷入苦境，便难于再求进步了。这样一来，真难免“终身亡了！”“对不住……那位舅父了！”况且林君不过十八岁，决不是婚姻不可再延的年龄。

我们的读书合作

我是一个商店里的小伙计，所以我所接近的人物，当然也只是限于小伙计——同一店中的同事。但虽然我们一群都是小伙计，可是我们并不愿意自弃我们增进知识的机会。固然我们在现在难得冲出经济压迫的重围去，而不得不过着不合理的生活，但我们终希望努力做一个真正的人。所谓真正的人，并不是醉生梦死虚度一生的人，而是知道人生的意义，自己的责任，及对人群社会不无些许贡献的人。因为这样，所以我们现在努力于求知。说到求知，就非从读书开始不可。但我们都是一般无钱的人，在过去，我们中终算有两个进过中学，但其余几个人，不是进过高小而未能毕业，便是私塾出身；在现在——在这教育贵族化的时代，我们更无求学的可能。虽然这里有不少的夜校，但我们既然没有钱，也就不能进去。而且那种市侩式的投机的学校，实在也没有一点切实的智识教给人，只是贩卖着他往昔在学校里所贩买来的一些浅薄得可怜的东西，我们实在也不愿意进去。我们现在所进的学校，只是我们自己唯一可信的自修学校。我们买书自己来研读，有不了解的，我们就彼此来研究讨论。譬如我们中有要学英文的，他就把书买来，我们中英文程度较高的就教他读；我们中有要研究文学的，我们中就有欢喜文学的，他有许多书可以借给他、指示他。对于各种学问，我们都是这样来研究。我们读的书籍，一面是如上所说的尽我们各人所有的互相流通，一面则随各人自己的欢喜随时去买。所以我们虽只几个人，书籍算起来倒也不少。我们中有人要买书的时候，终先经过我们中阅读那类书比较多的人的介绍、指定，因为他比较的知道那本书的内容和价值。我们还定有不少的杂志，但这是我们大家分了定的，譬如今年叶君定了某杂志，我就不再定，而改定另一种杂志了。因为这样我们可以经济些。但这是我们不约而同的合作，并不要预先约定，或较量定价的贵贱——即各人出钱的多少。这种精神，我觉得尤为可贵。去年我们所定的杂志，共有十五种。今年有几种杂志停了版，我们改定了别的杂志。因为看不惯店里所定的没有声气的报纸，我们还共同定了一份《时事新报》，报费派到各人名下，只要几角钱，而所得的益处，则不可胜计。天津《大公报》，我们本也想共同去定，但因不胜两份报费的负担，后来我们就设法使也是我们经理所主持的另一公司去定，托该公司同事白天看了之后晚上拿给我们看，这样也就满足了我们的欲望。此外，我很有几个欢喜读书的朋友——当然也是小伙计，我从他们那里也可借阅许多书籍和杂志。借来了后，我们中有要读的，他就可拿去读，而转辗至于全体。这样，就完成了我们的读书合作。

最后我还要一说的，就是我们这种行动，很引起了一向与我们隔离的别的同事的注意。他们在先是什么书都不要看的，就是有欢喜看的，也只是看黑幕、武侠、性欲狂等恶劣的小说；现在也渐渐地被我们同化了。他们有时也把我们的书拿去读，并且看后说是很有意义。但这般人也只限于比较年轻些的，因为只有年轻人，才富于求知欲。至于那些年纪比较大的，他们是无论如何也不看的。这因为他们既有地位，又有钱，还读书做什么呢？有时我们和他们谈及读书一类的事，他们还说我们是“新派”呢。你看好笑不好笑？俗语说：对牛弹琴，牛不入耳，这话真是一些也不错的。

我以为我们的读书合作，不无表而出之为商界青年借镜的价值，故拉杂写来如上。不知编者先生以为如何?

朱近　三月七日。

〔答〕这种读书合作的办法当然是一件极好的事情，说起它的利益，至少是（一）买书费可以经济；（二）彼此可以介绍所见得到的值得看的书报；（三）彼此都得到交友切磋的快乐；（四）彼此的学识都于不知不觉中有了进步；（五）一种书报可由好几个人享用，增加书报的效用。关于此事当然也有几点困难，其尤大者是志投意合的朋友不易得，值得看的书报不多见——除非能读西文的书报，中国的出版界实在患着贫血症，这是无可讳言的。但是“天下无难事，只怕有心人”，我们当在可能的范围内，抓住“不愿意自弃我们增进知识的机会”。

学校与商场

十二月十七《晨报》晚刊，载着一段《北平通讯》，很引起一般人的注意。事情是这样：北京大学前因免费问题，发生罢课风潮，后该校校务会议决议，开除为首学生靳瀛等九人，并延长缴费期限，风潮始告平息。乃此开除之九同学，突于日前，各接到无名氏同样信件，并汇票一纸计洋二百圆，共计一千八百圆之巨。信上略谓“你们都是有志气的青年，万恶的社会造成了你们的恶劣环境，你们为了和恶劣的环境奋斗，而遭受了现在的不幸，我对你们只有钦佩和同情；但以我能力有限，不能给你们以有效的援助，兹寄上洋二百圆，聊以济你目前之急，祝努力前进”。这九位学生接到此信后，有即登报声明，退还原款者；有捐作学校周报经费者；亦有因经济困难暂时收受者。

韬奋先生：你看到上面这段消息没有？看过后有没有感触？

在现代资本主义的社会中，尤其在中国，社会上的一切设施几乎都为资产阶级所独占，便是教育事业也不能例外。歌女在职业轻微的罪状下便被剥夺受教育的权利，学生因缴纳不出学费而除名，在资产阶级社会的系统之下，原是必然的现象，无庸我们惊异或怀疑的。独异在这个拜金主义的社会，居然有无名氏先生其人，不把他所有的金钱来舒适他自己，或是捐给佛庙庵堂，用以广结善缘，偏偏用来周济穷寒学生，他的热忱和慷慨是太感动我们了。只可惜天下有志的青年，因没有资产而被摒于学校之门的不知凡几，安得都像北大的九位学生那样好运气，得到这位隐名先生的帮助？况且这位先生只能周济北大几位同学于一时，但一般有了今年的学费而又愁着明年的学费的学生是这样多，试问他们能永久得到资助么？恐怕无名氏先生想到这些，也只能遏下一腔热忱，频呼“爱莫能助”了。

一般人都承认教育是清高事业，也是立国之本，可是中国今日的教育是什么一种现象？没有一个不扼腕叹息，只要他稍稍看一下目前中国教育的内幕。小学教员比较是刻苦耐劳一点，可是各地因为粥少僧多，常常为争夺饭碗而闹得乌烟瘴气；中学校之因学生分派别教员争势力而闹风潮者，也屡见不鲜；至于号称高等教育的大学或专门学校，固然也有例外，但大都失去教育的意义，发现种种的畸形。学生以文凭为入学派司，没有文凭的即使程度很好也被拒绝，缴费是入学的先决条件，也就是入学的唯一手续，只要你肯出钱，万事总可商量。在中国，中等以上的教育为资产阶级所专用，这是无可掩蔽的事实，在这种情形之下，前年清华学生因文凭问题而至投水自杀，最近北大学生因无力缴费而被除名，都是必然的应有结果，而无庸惊异了。

今日很多的大学，与其说它是高等学府，无宁称之为“智识的拍卖所”，甚至是“讲义的拍卖所”。一般教授除掉在上课时把他从他的教授那里所得的背诵给你外，对于学生很少精神上的感应，因为照例一下课便不见到教授的面，教授像一座留声机，他挟了一分讲义像蜂蝶一样正当地或附近各大学奔走背诵，除掉永远讲那么一套外更不要希望他再给予什么了，教授们有些在热心做官，不过把学校看作暂时栖息之所；有些为的是赚钱，所以在学校里结党营私，煽惑学生。至于学生们既以文凭为目的，又遇到这样的教员，有些便拚命追随教员，以便毕业后弄得一官半职；有些便一天到晚在体育馆里过生活，混过了若干年反正不愁拿不到文凭；

顶好的学生也不过做一个图书馆里的书蠹，难道教育的效用便是这些吗？我们真想不透！记得从前初创新学时湖南有一个“时务学堂”，这是提倡新学的梁任公先生年青主教，当时关于教育事业当然没有现在这样发达，关于教育的理论和实施当然也没有现在这样晓得多，不过无论如何他们却有一种从事教育的热忱和决心，学生做了一千字的一篇文章，教员往往写上一万字的批跋，师生推诚相与，剀切研究，所以当时能出像蔡松坡那样的人才，直到梁任公因戊戌政变亡命日本，蔡松坡从他的家乡沿路乞助来相依从，在日本继续切磋学问，在中国刚倡新学的时候，他的学校该是何等简陋？而师生的感应与合作有如此者，诚不能不令人惊异。我并不是崇拜他们，也并不是说那时候的教育比现在高明，我只觉得他们对于教育的热忱和直率是值得推许的，比起今日的学校中教授往往不认识学生，学生也不了解教授的状况为何如？是的，学校像是一个商场，教授、学生和学校间都是些顾客和雇佣的关系，他们可以互相不认识，更不必说其他了。

有一位担任中学教员的朋友因肺痨死去，生前是一位好青年，死后大家非常惋惜。他家境贫寒，自己非常刻苦，在荆棘丛生的社会中挣扎着、奋斗着，结果他在师范学校毕业了，找到适当的职业以自给，除掉要供给家用外，还担任两位妹妹在中学读书，严重的负担像一柄利斧，隐隐地每天在剥蚀他的生命，他虽勉力维持，但终于毁灭掉他的生命了。听朋友们说，他临死时还以两位妹妹的教育为念，希望朋友们维持她们到毕业呢！我们听到这消息后，非常伤心，静默了一会儿。恍然醒悟了，毁灭他生命的不是那可怕的病菌，是那万恶的建筑在资产阶级上的中国教育制度啊！倘若他家境好一点，他可以有适当的营养，倘若他的妹妹们不要他的资助，他也许可以有一个养病的机会，但环境压迫他，终于把这位纯洁的青年葬送了。朋友，在现代的中国，像你这样没有钱的人，本来就不配受什么教育，中国的教育完全是资产阶级的私有品啊！听说你临死的时候，还以两妹妹的教育问题为念。朋友，你对于教育是太迷信太忠实了，因此你生生的被教育吞噬了！

倘若中国民族希望有出路的话，无疑的是要把现代的教育制度根本改革一下。韬奋先生！你是研究教育的人，你对于我的话有什么批评？

星翁　廿一，十二，廿三。

〔答〕星翁先生在这封信里揭穿了畸形社会制度中的教育病态，可谓慨乎言之。资本主义社会制度下的事物，无往而不商品化，在这样的经济结构上的上层建筑之一的教育，当然也免不了商品化的弊病。商品化的结果，最显著的有两种现象：一种是非有孔方兄的随伴，休想受教育；还有一种是因为畸形社会制度之内在的矛盾，受了教育也往往得不到出路。关于第一种的现象，星翁先生已略有论及。我们倘注意在人类文化历程上的教育之历史，便知道教育的最初起源实为帮助生活，其作用只是用以维持生活的手段，人人即须生活，即人人须受教育，受教育原不是一件希罕或特殊高贵的事情，到了教育“商品化”之后，教育乃成为少数和孔方兄发生特殊关系的人所独占。关于第二种现象，在资本主义社会制度下的“教育的生产”和同一制度下的“商品的生产”有类似的地方，都是盲目的大量生产。都跑到“生产过剩”的路上去。这两方面在“无政府的生产”上简直是难兄难弟。“资本主义的生产，因为不计算社会的需要，社会的购买量，而是各个资本家竞争生产，以致发生生产过剩，引起恐慌，有多数劳动者失业等等的现象，便叫做无政府的生产。同样，在教育上，也复不计及毕业生的出路，而只管招收新生，一批一批的送往社会，于是发生就职难的现象：这也可以叫做‘无政府的生产’。”（见李浩吾著《新教育大纲》第二五七页）在这种状况之下的青年，受不到教育的固不免烦闷，因为不得入路；受到了教育的也不免烦闷，因为不得出路。这是畸形的社会制度破绽的现象。

教育不能离开政治经济而独立存在的，是要受制于经济的关系（同时也就是政治制度的关系），而为某种经济的社会的副产物，某种经济的社会的形态之反映，“要把现代的教育制度根本改革一下”，诚然重要，但决不是请几个所谓专家改改学制或课程所能解决的，乃是整个的社会制度问题中之一部分，要和社会制度连带解决的，不是教育一个部门所能单独解决的。（关于教育的管见，《生活》七卷第四十期双十特刊中有拙作《平等机会的教育》一文，可供参看。）

错误的眼光

昨今两天北平各报载着一段南京新闻通讯。关于此事，我认为确有讨论一下的价值。现在先把事实的真相录在下面：

“京市八府塘京华中学，系中央大学毕业生傅况麟所创办，由傅自兼校长。本届招考录取新生中，有女生王佩棻者，亦属考取新生之一。

王本在上海明德中学读书，嗣因家产中落，其父又业商失败，乃令佩棻从师习艺，红毹毡上，久负芳誉。今夏三度来京鬻歌于夫子庙天韵楼头，艺名为王玉蓉，珠喉一曲，听者魂消。以是捧之者颇不乏人，惟佩棻身为歌女，然好学不倦，歌余绣罢，恒一卷在握。且曩时在申，尝师事已故名士袁寒云，受其熏陶后，学问更有根底。

最近积得花粉之资，毅然投考京华中学，以遂其求学之志。因其资质之聪颖，即告录取，乃不禁喜出望外，是后仍以佩菜学名，每晨手携书籍，前往上课，俨然一女学士矣。以王无歌女习气，故未为人识破。不图上课未满旬日，该校校长傅沉麟氏，偶于日前课余之暇，涉足歌场。正在天韵楼上与三五友人凝神听戏之时，忽见绣帘启处，一美人攀帷而出，玉貌珠喉，艳若天仙。经傅氏详视之下，该歌女王玉蓉者，乃即其绛帐中之女弟子王佩菜也。同侪与之嘲笑，致傅不禁羞愧无地，傅以王贱为歌女，厕身校中，认为有玷校誉，乃于翌日到校后，即以一纸皇皇布告，将王佩菜开除校籍，不准上课。佩菜以好学心切，得此消息后，即啜泣终日，且为之辍歌。自思虽身为歌女，然公民之权，并未剥夺。且鬻歌亦属正当职业之一，焉得受此不平等之待遇？在此愤恨交并之下，乃上书于傅沉麟氏交涉。经记者觅得原函，录之如下，惟不知傅校长将何以解说也：

‘沉麟先生暨各先生钧鉴：佩菜在贵校一纸牌示之后，退出贵校的大门了。佩菜操清唱业，先后来京三次，相片登在各报，先生等尝读各报，在人情上说，不能说是见到佩菜，不知佩菜是歌女。佩菜在上海进德女校及明德中学读书，原来的名字就叫佩菜，并不有要进贵校改名蒙混的情形。佩菜此次到贵校求学，并不是讲人情进去的，完全是由贵校考取的。佩菜到校上课已将一周，自问洁身自好，并未稍犯校规，及不端行为与言语。现在先生等突发牌示，说佩菜身为歌女，有伤贵校名誉，应即开除。不知道歌女不能在贵校读书，贵校章程有明白规定没有？歌女在中华民国的国民平等有特殊阶级没有？佩菜有伤贵校名誉有事实没有？先生等在教育界也算闻人，在法律上，况麟先生是大律师，开除佩菜学籍，当然想有相当的根据，请先生等明白的向佩菜宣示。佩菜是一个弱者，为生活压迫，万不得已才来鬻歌谋生。在先生等看来，以为一开除就可了事，但佩菜为歌女的人格计，为人类平等计，为整个的社会问题计，敬请先生等注意理性。佩菜求学的宝贵时间不会再来，今年的时间，因为贵校的开除而牺牲，若无充分的理由，应请先生等负牺牲的全责。被开除学生王佩菜上。’”

我们看过以上的事实和王女士上校长的信，对于此事已得到两种观念：一是“该校校长傅况麟氏”的头脑简单和思想腐陋；一是王女士与环境奋斗的勇敢和人格的纯洁。吾人对于“该校长”的压迫女性既表示极端反对，对于王女士所受的大打击，复表示深切的同情。

讨论这个问题，首先要认清两种原则：一是歌女的人格问题；一是歌女的读书问题。以南京为中央政府所在之地，既能允许歌女的存在，当然要承认它“亦属正当职业之一”。但是历来的歌女都受封建社会的卑视，在提倡女子人格平等和打消阶级观念的今日，这种眼光是错误的，应当承认歌女的人格平等。我们明了此点以后，可知歌女为同等国民无疑。若是能与环境奋斗而得到求学的机会，是值得提倡的。

王女士因为环境所迫，落为歌女，确实可怜。但她能超脱环境，而“无歌女之习气”，并且决心继续求学，“积得花粉之资”，“以遂其求学目的”，同时仍要“鬻歌谋生”。她的奋斗的勇气和不幸的遭遇更是可歌可泣。至于她“到校上课已将一周，自问洁身自好，并未稍犯校规，及不端行为与言语”，诚不知况麟君认为王女士“有玷校誉”的事实在什么地方？

况麟君与友人在歌场“凝神听戏之时”，遭“同侪与之嘲笑”，结果“不禁羞愧无地，……乃于翌日到校后，以一纸皇皇布告，将王佩莱开除学籍”，可见王女士之被开除，乃是校长先生“羞愧”的余怒在那里作祟，而毫无事实的根据。他以为歌女的人格卑贱，自不能以歌场为高尚的娱乐场所，但自己身受过高等教育而又是中学的校长，反倒偕友人前往“凝神听之”，不知他将何以自解？诚如南京某报所评，谓：“校长既可涉足歌场，而学生就不可为生活压迫而去卖艺，如认卖艺为不正当，则办学校当校长何异于商人之做生意耶？”

本来中国人的脑子里存着封建的思想太深，对于社会上的种种制度和观念，要想改革极不容易，这只有靠着社会上的舆论来判断和改造。如最近李石岑与童蕴珍的事件便算一例。詹詹女士曾奖励童女士有大无畏的精神，并且说：“假若遭人欺侮者，为保全脸面起见，宁受委屈而不愿发表对方的罪状，则法律虽严厉，舆论虽公正，也无所用了。”（语见九月二十日《北平晨报》）王女士的事件包含着许多很复杂的问题，都是目前社会上随时发现的，她不肯缄默，上书质问校长，也许给了社会上一个评论的机会，把向来错误的眼光做一种有力的改正吧。先生观察力之正确，思想力之透彻，素所敬佩，愿闻先生对此事公正的批评。

陈文泰　十，四，廿五。

〔答〕傅校长的眼光错误，王女士的义正词严，陈先生的义愤填膺，我们看了这封信，都“洞若观火”，再清楚明白没有的了，记者原不必画蛇添足，再说些什么，不过记者还有一点感触的，便是教育的资产化、阶级化和商业化的问题。不把这种不平等和不合理的制度根本改造，责备一二人，恐怕在事实上没有多大的效果。例如试就资产化的一点说，现在的教育制度完全建筑在资本主义的基础上面，有钱的人就是笨如猪猡都可以入校求学，没有钱的人就是特别聪明也只得被摈于学校之外，这显然是不平等不合理的现象，但这是全盘制度的问题，要铲除这种不平等不合理的现象，非设法把全盘制度改变不可，否则要想一二学校独异，入学以智力或志愿为唯一标准，完全免费，在事实上无法办到。这不是要替现在这样不平等不合理的学校有所辩护，因为这种学校非根本改造不可，绝对没有替它辩护的必要。记者此处所欲指明的是要铲除这种不平等不合理的现象，须大刀阔斧的从大处落墨，不是头痛医头脚痛医脚的办法所能奏效。其次请言阶级化，阶级和资产当然有相当的联带关系；有钱的人往往就是有势的人，有势的人往往就是更有钱的人。所以资产化的教育当然同时是阶级化。像王女士倘若不是“家产中落，其父又业商失败”，也不致“为生活压迫，万不得已才来鬻歌谋生”；换句话说，因为缺了孔方兄做伴侣，便由“钱”的“中落”而连带陷入“势”的中落。致受“不平等之待遇”，“愤恨交并”。关于傅校长将“王佩棻开除校籍”一事，我们试作进一层的研究，还与学校的商业化有很大的关系。商业化的学校靠学生的学费为收入的大宗，学生人数愈多，这一方面的收入也愈多，所以商业化的学校当局对于招徕学生的技术方面不得不下切实的工夫。凡有碍于学生的招徕，便是有碍于学费的收入，这是命根所在，绝对不肯轻轻放过的，王女士“身为歌女”，在傅校长“认为有玷校誉”；其实不仅傅校长一人有这样的“错误的眼光”，“与之嘲笑”的“同侪”也具有同样的心理；其实不仅傅校长和他的“同侪”而已，陈先生固已说出，“本来中国人的脑子里存着封建的思想太深”，也具有和傅校长同样的“错误的眼光”的人恐怕不在少数。在这种情形之下，傅校长一定想到留着王女士在他的校里，和他具同样眼光的人势必纷纷把他们的女儿改入他校，在他已有的学生人数上不免发生影响，对于将来招徕新生的策略上也受很大的打击。这样一来，对于学校收入方面当然有很大的损害，在商业化的学校是不得不十分重视的。就这方面的研究，与其说傅校长觉得“身为歌女”在人格上有什么令他不满意的地方，不如说他恐怕因此影响到他的学校的收入。所以记者以为此事和学校的商业化有很大的关系。

资产化阶级化商业化的教育的制度是应在打倒之列，这是无疑问的。不过我们要解决这个问题，非从制度本身作大规模的改造不可。傅校长之“压迫女性”诚应引起我们的“极端反对”，王女士所受的“绝大打击”也诚应引起我们的“深切的同情”，这我都和陈先生表示同意。不过记者所希望的，是这个局部的突发的事实应能引起我们对于全盘的社会制度（教育制度也包括在内，是全盘的社会制度之一部分）的深刻的观察，看出傅校长的“错误的眼光”的背后实伏有很复杂的不合理的社会制度的因素。这个局部的突发的不平等不合理的事实，应能引起我们改造整个的不平等不合理的社会制度的努力。这是记者于表同情于陈先生的卓见之外所欲补充的一点管见。

辑二　职业与出路

吃尽资格的苦

我读了贵刊四卷第八期《读者信箱》栏里徐小甫君所做的大学毕业生一文，觉得非常切要。社会上感受这种痛苦的人当然不少，我是感受这种痛苦很深切的一人，所以我不免要借此发几句牢骚的话。我可以说现在的人，只要有财产，能够进中学，而大学或师范毕业出来的人，个个是人才。没有财产的人，不能进高深学校，那是永远不会是人才。现在的社会何等势利！商界我不熟悉，至于各行政机关及教育界，非资格不行。倘然是一个大学毕业生，要谋一件事，不论他有才没有才，对于事的会办不会办，人家总是一诺无辞。若是一个小学毕业生，或是连小学未入过的人，无论他办事如何切实，学力如何充分，要向人家谋事，人家连正眼都不来看你，纵然有一些事给你做，也不过是些书记庶务之类。我不是说书记庶务不屑做，可是克尽厥职的做，人家总认你是一个小鬼，不加青眼，而且是一朝天子一朝臣，等到一个校长或局长走时，就要连带解职，即使有飞天本领，用到那里去呢？涂君所说的“……若再老实说：我是小学毕业的，慢说被求的不来录用，他不说你再去读二年书，再来做事，已算是客气的了”。这几句话，的确是现在势利社会的通病。先生所说的“……他人岂因此而轻视他吗？断无此理”。先生！你是贤达君子，所以不会如此，岂知社会上都是庸碌之徒，有几个人能这样实事求是呢？其中有多少才能之士，因资格而终身埋没，那是何等可叹啊！我虽没有才能，但也吃尽资格的苦。我自小学毕业后，没有财力升学，遂从名师专习国文。自信办公能耐劳勤奋，遇事能忍辱负重。然而因无资格，并且不善逢迎之术，虽曾一度在教育行政机关办过几年事，现在因连带的关系而去职家居了。那里能容你持久，发展才能呢？我是乡间的人，在乡言乡，乡间地方辽阔，学校稀少，能进初级小学的，已为幸事，有财力可升高级小学，更属希罕，那里能再想到中学大学呢？所以有不少真有才能的人，连一些书记庶务的事也没有机会弄到，还能希望其他的成功么？我所以说：只有有财力能入中学大学的人，个个可以称人才；没有财力升学的人，虽有真才实学，也不算人才。所以我说资格要紧，实在本领还在其次。先生以为如何？

朱逸民　十八，三。

〔答〕社会是多方面的，一类的事实也有多方面的，像朱君所慨叹社会上盲目的只重资格而不重“真才实学”，我们当然承认目前的中国确有一部分不免有这种不平的现象，就是编者个人闻见所及，也就不少。例如我国很著名的书业某机关，里面对于编辑员就很有这种趋势，中学不必说，你在国内大学毕业的，至多每月送你七八十元至一百二三十元，只要你挂了一块留学生的招牌，做的事情尽管一样，起码一百六十元。我有一位好朋友，可说是学贯中西，在那里面做了好几年，因为缺了一块留学招牌，做来做去还是一百二十元，眼看许多“饭桶”留学生（这是只指“饭桶”的一派，当然也有好的）坐享厚薪，做出来的东西，往往狗屁不通！有一次有一位什么德国留学生，做了一本游记，简直别字连篇，文笔疙瘩到了极点，因为来路大，该机关的编辑主持者不便拒绝，交给我这位朋友校订，被他修改了十之六七，修词方面差不多是他完全代做。他费了一番工夫，在书末著作者姓名旁边把自己校订的名义加了进去。后来这本书出版的时候，只有著者的姓名，并没有校订者的姓名，无非是因为校订者的牌子似乎不及那位写别字的朋友牌子“硬”，所以“白校订”，让那位写别字的大好老“掠人之美”，在主持者也视为极公平的事情！后来这位朋友靠他的“真才实学”，另有好机会，便辞职高就。社会上往往有同样的事情，叫留学生来做，给他一种特别好的待遇；叫国内大学毕业生来做，便给他一种差些的待遇；如叫连大学牌子都没有的人来做，又要给他一种更差些的待遇。他们并不以事为对象，却以空资格为对象，这当然是很不公平的待遇。所以朱君的“牢骚”，我们不能说他完全是“无病呻吟”。

我在上面所说的话，不过助朱君张目吐气。但平心静气想一想，这种现象不过是局部的，并不是概括的。

其实，我们虽反对徒拥虚名的资格，而确有实际的资格却也未尝不可重视。倘若不是有名无实，则中学毕业者的学识能力，因研究的年数比较的多几年，当然应该比小学毕业者好些；大学毕业者的学识能力，因研究的年数比较的又多几年，当然应该比中学毕业者更好些；留学毕业者的学识能力，因国外学校设备之比较的完备，教授程度之比较的高明，当然应该比国内毕业者更要好些。所以我们倘有了名实相符的一个条件，有的事情，确须留学生而非国内大学生所能胜任者（这当然是目前的情形，将来国内教育精进之后，便不至如此），尤其是高等专门的学术；有的事情，确须大学程度而非中学生所能胜任者；有的事情，确须中学生而非小学生所能胜任者。不过这种实际的资格，有的地方不一定要取得学校的牌子或衔头，也可以自由修，由在社会上从小做起，便做便学，经过若干年后，有相常实际的经验阅历，因而造成专门的学识材能，获重实际的资格。朱君所引在下答涂君的话："……他人岂因此（指仅小学毕业）而轻视他吗？断无此理。"我的意思并不是仅仅小学毕业便可以引别人的重视，是说不以小学毕业自封，能奋斗向上努力，得到相当的学识能力，做他所做的事情，到了这个时候，决没有因为他从前不过是小学毕业而轻视他，而且还要特别特的敬重他。我们前次答复涂君的一番话，因为涂君既无力升学，又以资格为虑，似乎资格非由升学是绝对得不到的。我们就他所处境地，告诉他名实相符的资格也可由服务及同时自修而渐积成功的，只须有实际的能力，别人决不至轻视他。我们的向上努力，向上奋斗，势不得不从自己所处的境地做出发点，既无力升学，便须另走一条可通的路向前干。

萦回脑际已有半年的问题

我虽对于贵刊成了一个知己已半年，见了不少读者询问的信札和您诚恳的答复；但是从未见关于谈到萦回我脑际已有半年之久而至今仍未解决的难题，今天星期日，特抽暇写在后面，望您给我一个满意的答复，不胜幸甚。

我心中常抱着“有实力本事才有饭吃的主义”，“有真正学问才可立足于社会的思想”，但是不幸从近一二年的经验告诉我，“有了本领并非就有饭吃”，反是“没有本领也足以衣食饱暖，或者比有本领的来得好”，“有了学问并非就可以发展自己的怀抱”，反是“没有学问的倒比有学问的发展得快”。我不妨举几个例子来说。我同班有几位学友，他们程度差不多——初中毕业。Y君在某外国银行当写字（clerk），月俸三十六两银子。K君也在外国银行当写字，并且比Y君资格老，虽不是同行，却也有二十五两一月。至于C君呢？

说来很可怜！在某洋行当练习生，忙得不亦乐乎，半年只有二十个大银饼。并且他口才又好，比Y、K两位本领高强得多。同时Y君告诉我说："读书没有用的，我的地位只要初小毕业已够了。虽则名义上是外人开设的银行，非精通洋文不可。早知如此我高小和初中的光阴真多抛弃了。否则，现在也许有了六十两银子一月，因为前两年加俸很快而多……"他愤慨的态度，我只有一笑付之。K君呢？也如此说法。C君则劝我不必再读，因为学非所用，并且叹自己的命运不济，当想到Y和K比他优美的地位。我虽不为所动，但很信任他们说的话，后来注意他们的实际情形，结果不得不根本推翻我从前"有实力本事才有饭吃的主义"。至少也不得不从信仰而至于怀疑了。我并非以金钱作人生的标准，也不表同情于Y、K、C三位以金钱为原则，不过觉得现在教育的腐败，学非所用，并且替天下不得已的同胞抱不平而已。

从此我常由怀疑而彷徨起来，心中忐忑不定，觉得读的书不如前日之津津有味的那样用心研究了。

蒋一　十八，四。

〔答〕在政治未上轨道，社会事业未上轨道的国家，怀才不过或“拆烂污”反而得意的事情当然不能免。但是真正的事业终须真正的人才才担当得起。蒋君所举的例是“只要初小毕业已够”的“银行写字”，如果一个人所抱的志向只要做到“银行写字”就心满意足，不希望还有什么前途，那他尽管“只要初小毕业已够”了。但试问社会上正当的专门高等职业，如做律师或法官，总要研究过一番法律，若随便拉一个人坐上他的位置，行吗？如做医生的，总要研究过一番医学，若随便拉一个人坐上他的位置，行吗？如做工程师的，总要研究过他范围内的专门智识，若随便拉一个来代他，行吗？如当教员的，对于他所教的科目，总要有相当的研究，若随便拉一个人来代他，行吗？诸如此类，不胜枚举。所以我们以为蒋君所举的例似不应推翻他从前的信心。有真正本领的人能否飞黄腾达，也许有一部分要看机会，但是我们从来没有见过有真正本领的人会至饿死。

还有一点我们要明白的，在学校里得的智识，不过是一个基础，入社会后还须加上一番经验阅历，所以就是大学毕业，并不能一入社会开始任事，就立刻可将大学里所学的东西，一齐都用得着，一遇不能立刻用得着，就说是白学的；要知道还有应用的机会在后面，不要性急，等你经验渐深，位置渐高，所经手的事渐渐重要，从前未用着的较深知识就渐渐的用得着了。

况且我们做人只能“尽其在我”。譬如当我们在修学的时候，将来做事机会的有无，不是我们自己此时所能作主的，我们此时所能自己作主的是在学识上有充分的准备，以待机会，以利用遇着的机会。我们此时所能自主的只能如此，就只有在此点“尽其在我”，其余瞎悲观，都是徒然消耗精力于无用之地的事情。就是说有了学识还不免有艰于求事之难，难道一无学识的人就保得定必有好事情请他去做吗？这样一想，便明白在准备学识的时代还是以认真准备为正当的办法。譬如有两个人，出校后得同一的机会（即同有人提拔他们），试问一个在从前没有充分准备的人，能比从前已有充分准备的人更能胜任愉快吗？此时仍是有充分准备的人占便宜的，所以在修学时代有充分的准备总是不错的。况且在修学时代，自己可以作得主的，也只有积极的从事充分的准备。

岂但修学，我们无论做什么事，都只有“尽其在我”。

即如蒋君要求我们给他“一个满意的答复”，我们那里敢说这篇答复他一定能满意，也只有尽我们所想得到的，“尽其在我”的答复他罢了。我们无论何时，无论何事，倘抱定“尽其在我”的宗旨，欣欣然向前干去，可以省却许多烦恼。

一时没有办法

我在幼年时代被家庭的环境压迫着，高小毕业之后就去做那奴隶式的商店学徒，前后经过七年，对于旧式商业上虽然得了些经验，但是我的性情不合于那劳苦不均赏罚不明的监狱式生活，前年就决计同它脱离了，我因为没有相当的资格，高尚的学识，到底赋闲了一年。去年的下半年从友人的介绍，在本地的小报馆里编辑小品栏。内地的小报经济很支绌，所以酬报也极微。不过这种生活和我的性情很对，所以精神方面还算愉快。在年底里我和许多青年同志组织了一个午社，宗旨是研究文艺，联络感情，后来商学两界的青年相继加入了五六十人，在本地报（《武进日报》）上出过午社周刊，直到今年的正月里，多数社员议决组织出版部，单独发行刊物（四开纸的周刊），经济和办事人都有相当的把握，不料出版期发表之后，忽然友人荐我去当乡下（离城五十里）的小学教员，我因为生计关系，并且爱那乡村生活的幽静，就决意把所有的职务委托几个负责社员分途担任，幸而各社员都很竭力，周刊才如期出版。可是现在到第五期因为环境的恶劣，大家有些灰心，我要想坚忍的维持，又因城乡相隔的不便，星期日回去一天又很匆促。要是停版，那么非但妨碍名誉，且要赔偿印刷所的损失费，实在左右为难，想请他们维持到暑假，暑假之后我在城里弄些事情做做，但是社里完全是尽义务，别一方面又不能一定有相当的位置，况且这刊物觉着没有精彩，所以附带寄四期给你请你批评指教，并且想一个眼前维持的办法，那就感激得很了。

（附启）所说的环境恶劣是经费不能照预算收入，办事人纷纷辞职，印刷所的合同最短期是三个月，现在停版，要让我个人赔偿四五十元，一时没有办法。

十八，五，三。

〔答〕来示并出版物四期，均敬收悉。贵刊虽尚佳，惟材料似不充分，窃以出版刊物欲能有色有声，至少须有充分之材料，相当之经济，及充分之时间与精力，然后可以唤起社会之信仰及读者之爱好。否则勉强维持，似非善策。

足下个人经济既属困难，现既有相当之小学教员机会，似不宜轻弃。至贵刊停办与印刷所有合同之关系，似可委托友人与该所商量办法，万不得已时，或再设法维持至三个月，期满再办结束。此年如不续办，似只有此两途可供采择。足下虽仅高小毕业，而能努力达到如今之造诣，已属不易，不胜钦佩，尚希继续奋斗，前途必更光明。

十八，五，三。

我又有不能去之势

我在本县教学，已有五年了。月薪不过三十元（在德庆当小学教师算是最高薪俸了），却要完全负担家庭的生活费（我有父母各一妻一弟子三），以近日物价的昂贵，这区区的收入，要负担偌大生活费，虽然家中尚有薄田数亩，但亦拮据万分了。若有意外发生，则更不堪设想。所以我时常想出外教学（每学期都有朋友写信请我去，月薪有四十五元），但是我一提出辞本校的教职，校长及学生都作很恳切的挽留；而且校长又是我很相好的朋友，德庆是我桑梓的地方，于是我又有不能去之势。这怎么办呢？请你从客观的观察，示我一个标准。

十八，五，四。

〔答〕足下现在本乡任小学教员，校长等既为知友，此亦难得之机会，至月薪微薄，若他乡有更好机会，固未尝不可酌改，惟据来示所言，则薪金相差有限，目前似以少动为是。

十八，五，十四。

执业以后

我在青年会读书数年，将近毕业期内，忽家严命晚就业于××木行（家严在行中为经理而兼股东），当时我即反对，其理由即：（一）离毕业期甚近，中途抛弃，不免可惜；（二）家严身为经理，父子之情，我难免荒唐（此荒唐者，即每逢星期六日出外观电影而已）。故即将以上理由禀告家严，却被拒绝。我意家严之宗旨因事务繁忙，行内之事或恐有顾此失彼之忧，故命我在行执业，或许不致发生弊病。因家严之不同意，乃勉从之。

自从执业以后，忽已四年余，但觉不满之处约有数种：（一）诸同事以我为经理之子，一切事务皆不委我；（二）家严喜拍马之人，我因父子之故，况亦不善拍马，以致常被责骂，每借故指我为“懒虫”〔并非偷懒，因（一）之故，以致终日无所事！〕；（三）家严也无职务使我担任。我欲弃此就他，则必为家严所不满；况现今之社会人浮于事，欲谋职业难如上天，故我实处于两难之间。

十八，十一，廿五。

〔答〕足下现在令尊经理之行中服务，颇感困难，承示同事中因令尊为经理，故不以事与足下做，以至终日无事，在此情形之下，足下或可乘此机会自修，俾得增进学识，将来能力既渐充实，一有机会，即可发展抱负，千万勿以一时之未能如意，而抑郁自伤，是为至要。即目前在店中服务，他人不以事相委，如自己见有可为之事，亦可随手做去，能自己寻事做想事做者，较之徒知受人命令者实高一等也。至欲更业，惟有留心机会，如有相当机会，亦未尝不可更改，不过在未有其他机会之前，不妨我尽我责，他人如何可以置之不理也。

十八，十二，九。

破口大骂

我在虹口某医院充当一个护士生，已经有二年了，而做护士的生活也惯了，我现在想把敝医院的护士生活，一一敬告于贵刊。我们做护士唯一的职任就是服侍病人。其他如耐劳勤俭，遇烦事不厌，闻病人恶言不怨，敬遵医生的吩咐，病人的危期，代守秘密，举止大方，无恶嗜好，有初中或至少高小卒业的程度，而且要略懂英文，才得做看护的资格，否则休想考入护士。在病房中服务的分：（一）首护士，职任监督下班护士，及领导护士的工作，管理病房中一切器械，等等；（二）二护士，是帮助首护士；（三）三护士，其职任帮助医生治疗；（四）四护士，其职任专管病房中病人，如要大小便，倒痰盂等。但是我国的生病人往往视我们的职务卑鄙，因此发生了一种茶房的代名词。因为我们的职任是服侍，所以只得默而不言，这个名词尤其是一般大学生，他们读了不少年的书，非但叫你茶房，并且是时常破口大骂。唉！

先生，我们为了职务关系总是一声不答，可怜我们做看护的生活，这样艰难乏味，还要受一般有知识和大学生的大骂，乞先生执公平的大笔来批评一下。

十九，五，七。

〔答〕承示为护士不得病者重视及原谅之苦况，深表同情。查护士职在襄助医生护视病人，固为慈善高尚之职业，无知识者之轻视，诚属不应有之行为。我国向用中医，而中医并无护士，故护士乃出西医连带而生。在我国乡僻之处，对于西医，且不信任。此种制度，既为新起者，故一般人对于护士之责任，亦未明了，此殆系一时之现象，将来当能渐渐改正错误之观念。在目前为护士者，当自知对社会实有其相当之贡献，当自信自身职务之高尚，至于无知识者之无理态度，尽可置之不理。吾人作事，只须我尽我责，问心无愧可也。

十九，五，十五。

要怎样去办

敝埠PS学校为当地华侨于十年前创办者，校产有房屋十间，每月可收入租金五百二十盾，常年经费，则赖糖米盐捐、卷烟捐等，每月约可收入千余至二千盾，现有男教员四人，女教员五人，月薪计千盾，再加书记校役俸给连杂费等，每月总支出仅在千六七百盾左右，故每月盈余甚多。而学校总理董事以至校长，均不知教育为何物，是以虽有充分之经费，而成绩反在他埠各华校之下。不料近来竟有校疑被书记侵吞至数万余盾之骇闻，此即经费过于充足，而不知谋进展之弊。董事部不负责任，亦难辞其咎。现书记已惧罪而逃，董事部如大梦方觉，连日大开会议，颇具整顿决心。现董事部已决定聘请监督一人，对于学校事有与校长商同处理之权。惟该埠人材缺乏，不料学浅如我，竟得获选。窃余虽从事教育有年，惟究以早年失学，且办学毫无经验，难保不无陨越。现鄙人已大胆受任矣，所可恃者，惟有我敬爱之导师——《生活》编者先生——可资询问，与鄙人一片为社会服务之赤诚，足以自信耳。兹谨将应奉询者并参酌鄙见，分条详述如下：

（一）本校校长，年在五十余，旧文学颇佳，惟新科学可谓毫无根底，有无另聘之必要？

（二）各教员皆旧制中学生，多在位六七年者。鄙意须略为更换，最好能聘得师范生。

（三）本校男女生约四百人，因校舍不敷，董事部有拟将教员寝室辟为教堂之议，如不辟开则全校教室相连，未免喧闹，先生有何法使不喧闹否？

（四）本校学生，除每天上五点钟课外，对课外生活，完全没有，先生以为最低限度的课外生活要怎样？

（五）本校系男女分校，女生课程中并无体育一科，男生亦不过授与旧式的徒手操而已，亦不甚注意，球类是学生们所不经见的。现在我的意思，是以为本校的经费，既这样的充足——确为全S岛华校冠——应该怎样的有精神，有实际，才不误了许多学子。可是我学识太有限，又恐怕说出话来，不易使人采纳，所以谨竭愚诚，请先生赐予指示，究竟一个小学要怎样去办？无任感激。

十九，五，十一。

〔答〕先生热心教育，虚怀若谷，至深敬佩。承询各节，兹就所知，谨答如下：（一）承示贵校校长旧式人物，依原则而论，如欲教育办理精进，当然宜有专门研究教育之新人材。故如更换校长，而不至另生枝节，固属佳事。惟愚意改革须以渐，而不宜过骤。如竟更换校长，不免发生纠葛而易于引起反抗之风潮，则一时可以不必急急更换，只须渠能服从先生之新计划，而努力实行，亦未尝不可续用也。故此事须视实际情形酌行，不能凭空决断。（二）承示各教员均系旧制中学毕业生，依教育而论，则中学生固不如师范生，盖一则预备升学，一则对教育有相当之研究也，惟亦视实际情形如何，倘中学生而已在教育界任事多年，已有相当之经验，则亦未尝不可酌用。愚意可就现有教员，细加考察，如有过劣者，可酌量先辞少数人而易以师范生，此事亦宜缓缓图之，渐渐实行，不可过于躁急，俾免引起风潮，于校务进行，反多妨碍。（三）承示校董拟将教员寝室辟为教堂，则全校教室相连云云。此事实际情形如何，不能明了。如教室虽与宿舍相近，而能彼此隔开，固无不可。如数间相连，而不隔开，则授课不便，殊非所宜。（四）承询课外工作，愚意以提倡种种运动为最妥。（五）又示贵校女生无体育科目，查体育不论男女，均甚重要。贵校经费既尚充裕，可请得力之男女指导员各一人，俾男主任指导男生，女主任指导女生。此种人选应以曾在相当之师范学校学习体育科，而学识经验丰富者为合格。由渠等到校后，拟具详细规划，着手进行。愚意如此，未知足供参考否？

十九，五，十二。

北平的女招待

现在让我来告诉你一件关于北平的新闻。这新闻简单说一句，就是北平女招待员的遍地如流。原来北平从前是首善之处，其繁盛不亚于上海，但自首都南迁，北平的热闹，亦随之而南下，商业也于是一落千丈，从前的金碧辉煌车水马龙的大菜馆、戏院子，如今也门庭冷落，大可罗雀了。其他百业的凋疲，市场的清闲，更是一言难尽，于是乎奸滑之侩，异想天开，想出种种的妙计，以广招徕。其中最闹得厉害最引人不堪最值得我们注意的，但也就是他们最成功的，就是“添设女招待员”了。在北平从前虽亦繁盛，但如上海的花花“女招待”之类的名词，似乎少有听到。但现在大非昔比了，一唱百和，风起云涌，起初不过几家舞场提倡于前，借资点缀，及后相率效尤，菜馆等都请女招待员，甚至点心店，冰淇淋铺，亦添聘女招待，借增营业。在热闹地方，如四牌楼，单牌楼等处，只要谛目一望，就可以看见斗方来大的“楼上雅座，新增女子招待”等大招牌。说也奇怪，这寥寥十个字，真有不可思议的魔力，诱得纨绔子弟，好奇青年，皆趋之若鹜，冰淇淋的销路亦于是乎激增。此种女招待员的学问如何，品格如何，我未曾调资，不敢妄下批评，但据友人谈及，此辈态度的不正当，和故意和顾主玩笑，俱是实情。最可笑者，此等女招待员，并不和伙计（即上海所谓堂倌）相等，因为她们的职务并不是送点心算钱等，乃是招待来宾，相与戏笑。但普通点铺子，我以为还不需要此等冗员。提到女子职业，我们是十二分的赞成，而且愿意极力提倡；但此种事，双方互相利用，以不正当的行为手段，引诱青年攫取利益，一方面是侮辱女子人格，一方面破坏社会风纪，我则期期以为不可。但当局者视若无睹，令人慨叹。

再说某报馆的记者，有一段话：“菜馆里的‘新增南京板鸭’，和‘新聘女子招待’，有同样的用意。”这似乎太挖苦些，其实在形体上女招待员和南京板鸭，固然不能相等，但在那些掌柜的心目中，女招待员和板鸭实未有何显明的分别！

鲁酉　十九，七，廿三。

〔答〕现在世界的趋势，男子可以做的事情，差不多女子都可以做。像警察似乎只配赳赳武夫的男子干的，但现在英国的伦敦和俄国的莫斯科却都有了女警察，我瞧见她们的相片，倒也挺胸阔肩，非不“赳赳”。讲到“招待”的职务，更宜温和忍耐，似以女子为尤宜，东西各国也不乏先例，不过“相与戏笑”“引诱青年”却与“招待”不相干，这与一般国民（所谓“顾客”即在内）和女子自己的智识程度当然有很密切的关系，故治标方面虽希望负有治安之责者应有相当的限制或取缔，在治本方面则仍在一般国民智识之提高。

有些觉悟了

我是一个被压迫的青年，下面便是压迫下的呻吟和奋斗啊！十三岁的我，从高小毕业出来，我的父母，虽然是我国中最下等的——农人；但是却也愿意他们的儿子——我——多求些智识；但是因为经济的压迫，又那里能够和一般少爷小姐为伍去到宝贵的学府求智识呢！唉！可怜的很，为读书省钱起见，只好到私塾去读书，虽然想反对，但是事实怎样呢？除此之外，更别无途路了！读了三年多的子曰诗云，虽然没有什么进步，却也没有退步。这时我已十七岁了，差不多该作些事了，我的父母因为他们的职业——务农——终年风吹日晒，雨淋霜打，虽严寒奇暑，不能或间，辛苦一生，只仅堪温饱，连自己的儿子求学，都不能供给，所以矢志不教我再务农了，却不惜舍脸东托人西求情的，费了九牛二虎的力量，才把我荐到天津某洋货庄去学徒。这商店是专门批发洋货的，内中尤以侵略我国的最烈者——日本——的货，售数最多。唉！我是中国人，便应当用中国货，卖中国货，不应当努力推销外国货啊！这时的我，虽然受着良心的责罚，知道自己现在是作洋奴之奴，但是为着吃饭问题，却那有力量去解放自己，而作一个爱国的国民呢？真惭愧极了！

谁知道福无双至，祸不单行，才忍受着非人的生活——学徒生活——我的母亲，却于我十八岁这年，二月间死去了！可怜的我，连一面都没有见，因为在初病的时候，不教我知道，恐怕耽误了上进的光阴，和宝贵的金钱；到病重时，却来不及了！唉！慈爱的母亲，生我育我，竟因为经济，而不能作临死之会面，只受了我一些至诚的眼泪呀！天哪！为何生我为中国人，不如殖民地的印度人，为何生我为中国穷人，不如一条狗。唉！穷人只该受人家的气，作人家的牛马吗？不，不是，天是许人奋斗的，幸福是自己求来的，不是天赐与的，惟能奋斗才能有幸福。现在的我有些觉悟了！不，十分的觉悟了！觉悟得我现在需要奋斗。所以我便实行我第一步计划了。就是辞去现在可耻的职务，不再作洋奴之奴，不再作卖国之一份子。第二步计划也实行了，回家作一个纯洁的农人。虽然有些亲友们议论我的不长进，反对我的不作将来有希望的洋货庄经理，却回家来种地。但是我却不在意般的，只等他们进攻我时，我便实行我个人奋斗的第三步的计划，来相周旋。先生你能指示我一些方针吗？

四，二五，二十。

〔答〕足下系农家出身，且以经济关系，于高小毕业后，即谋得职业，惟所任职业系一专批发洋货商店，故不愿为外人经售货物，足见爱国心切，甚可敬佩。承示现已决定弃职归家务农云云，倘归家果农业可作，只须合于志愿工作，当然易有趣味，精神上亦可减少痛苦。至于亲友之议论，可不必为虑，尽可表白自己之志愿并非无理由可以解释也。凡事只须自己加以考虑，认为合理者，即可毅然做去，不必畏首畏尾，反致增加精神上之痛苦。

五，十一，二十。

剩余的孩子

这似乎是很唐突，我同先生素无一面之交，怎么就来下面这样一个要求呢？但，先生！人与人之间总发生着关系的，你老虽不知人世间还有我这个剩余的孩子，可是我对先生却早就怀着婴孩对慈母的希求哩！

我谢谢先生！请听我说来：

我是去年八月失业的——这是现社会的恩赐，也就是（？）我们出卖血汗的所应尽的“义务”！在这个被少数特殊人占有的现社会里，我们这样的一群是甚么也没有的，甚么也没有的呵！自失业以后，我就又重来过着我流浪的生活（我是两次失业三番飘泊的流浪汉了），流呀流的，到现在已整整六个多月了，在这一长串日子的飘流中，我曾流到了平汉路，两次到过武汉，又去到南昌，也曾回到了湖南（可是总没心归去），后又蹬在南京，而今又流浪到苏州，此后更不知何处了！在这些我所到的地方，我曾四面八方的钻谋过，可是五方十六路都是碰壁，更加上钉子。先生！偌大这么一个中国，怎么找不出卖力（脑力的体力的）的场所。这是怎么一个世界！怎么一个世界！

我来此地已一个多月了，在这个月来我都是过着油条烧饼的生活，可是这每日数个铜子，还是榨取自借贷读书的我的朋友的：这于心何忍？但又有甚么办法呢？

已往已是这样要死不活的过去了，可是后来真不知如何生活了！此地的朋友（仅有一个）实无法再负担了，而写给别处友人求救的信，到现时没一个有复的，家里又领不出钱来养我这个不争气（？）的孩子。那些没有“同情”的有钱人又不能白白地让我（我们一群）吃一顿饭。而最大困难的，还是老板的房租至今一个多月我一个子也没交上，他已于昨天叫来了警察，限十天交上，不然，就将薄被抵押，唉。过了十天，交不上钱，我将如何办呢？不住么？就是死尸也应有块地方放。站马路么？这么冷的天，还下着雨。住么？在这吃人脑子不嫌腥的现人类，这恐只有天允许！至于肚皮空着这更是自家的事了！唉！先生，这些这些，都逼着我加速度地往死的墓门口奔驰！可是我真的去死么？唉！我实在太年青了！太年青了！我是生气勃勃的呀！

先生！我要活！我要活！我就是作梁山泊上的伙伴也得活下去；因为造物者给了我以血红的生命，我当然有活的权力。可是……

先生！我跟你说，我是甚么也没有的，一切生的条件都被人夺去了。有的只是一个将饿毙的生命，一副如果营养充足即有力的双腕及一个能思的脑子，因此我现在只需要有“工”作而得到面包！先生！问题就在这里。请你老为我解决，我是无论甚么差使都愿意，如报馆书局里的校对或排字工人，机关或私人的书记及工厂里的工人等。这些都是我现在求之不得的差使。请先生替我设法介绍。我谢谢你老！

先生！我一个月来从没吃过一餐饱饭，肚子实在饥得够受呀！现今身边光剩八毛钱。如果这八毛钱一完，我将怎样是好？唉！不可想的将来！

我敬爱的先生！我说的都是实情。如果有一句谎你老的，我就是没有嫁人的女人养的！请先生无论如何的搭救我。不要使一个生气勃勃的年青人白白地饿死！这是罪恶！

先生！我一想起你老，我才觉得有明天！我敬爱的先生。请你老一看在上帝的分上：带给我以光（light）！

一口气写下来，就是这么一长串的字，请你老耐心点儿看下来，这里面有血与泪的交流，有整个青年阶级的痛苦，这人还真不像样儿！

我连发一封信都不容易，请你老速回信给我。来示请寄××××××××××好了。肃此敬祝先生万福！

×××　二,八,廿二。

〔答〕我们常接到嘱托谋事的信，但写得激昂悲慨（普通为激昂慷慨，我想此处应将“慷”字换为“悲”字），像××先生这封由苏州寄来的信，殊不多见，我们认为这不仅是某某个人的问题，实在是一个异常严重的社会问题，所以一方面把我们的意思径复××先生，一方面把这封信公开刊布出来，借以唤起国人的注意。因为也许作者不愿显露他的姓名，所以用××来代替一下。

记者每接到这类的信，除对作者表无限的同情外，又感觉到无限的惭愧——惭愧自己的力量薄弱，不能有什么实力的协助，因为就现社会的状况之下，枝节的办法只有尽力介绍之一途，但社会的经济恐慌，百业萧条，既为客观的事实，人浮于事，成为普遍的现象，即有少数碰巧得到相当的机会，获得一个栖止的处所，但这既是大多数人的痛苦问题，决不是头痛医头，脚痛医脚，或甚至连医头医脚都无从下手的敷衍办法所能救济的。××先生写这封信，可以说是替许多失业的同胞——“只求有工作”的同胞——作代言人，作严重的警告！

据上月在日内瓦所开的国际劳工特别会议里法国工人代表育奥所报告：谓全世界一万万七千万工人中，失业者已达三千万人，他又作严重的预言，谓“痛苦与失望，行将一旦引起爆发，结果如何，非所敢知”。我国人民生计向在自生自灭无人过问的情况中，绝无统计之可言，但就我们耳闻目睹，遍地惨象，我国凡事落后，这件事决不落后，殆可断言。世界的经济恐慌和失业问题，非社会制度有根本的改造，无从得到彻底的解决；中国的经济恐慌和失业问题，非社会制度有根本的改造，也无从得到彻底的解决。这个问题不能得到相当的解决，社会是永远得不到安宁的。我国现在似乎不但不在力谋这个问题的解决，反而倒行逆施，力促这个惨象的深刻化、尖锐化，我们只有再引着育奥所说过的几句极严重的话：“痛苦与失望，行将一旦引起爆发，结果如何，非所敢知！”

很欢喜做冒险的事情

我有一件最难解决的事情，请你与我解决一下，我真感激先生。

我是一个十八岁的苦青年，在十四岁的时候，亲爱的父亲就去世了。在这个时候，立时使我失学了。承蒙邻居的美意，荐我到某电报公司做一个职员，每月薪水只有十元。像上海生活日高一日，米珠薪桂，货物高涨，区区十元，如何能够使用呢？但是像高小毕业的程度，如何可以在社会上办大事，我很想求些学问，可是有三种困难：（一）没有好的亲戚，可以依靠；（二）万恶的金钱亦没有；（三）亦没有空闲的时候；因为某电报局有早班晚班，总一句话，就是没有一定时候的班头，这三种困难就是我的致命伤了。我每想到这种困难，就要寻死。但是我母亲只有我一个儿子，如何对得起年老的母亲，与已死的父亲呢？我很欢喜做冒险及勇敢事情，我想去投军，因为打仗是比较痛快而又冒险的事情。我有一个朋友，他与我很知交的，他肯介绍我加入K党，照我理想，加入K党，或有许多冒险的事情可干，或有出身之日，请问先生，我是冒险的好呢？还是干什么样好呢？请先生给我一个美满的答复。

四，二六，二十。

〔答〕依常情言，欲求收入较丰，似不外二途：（一）在本业上努力，以求发展；（二）如本业上无发展之可能，则只得留心其他较佳机会，俟有较佳机会，即可改业。至加入某党，愚意认为倘因信仰主义，而自愿牺牲，则人各有志，他人不能置喙。如仅以经济关系，而欲加入，则殊为非计也。

四，三十，二十。

女教员问题

现在的女子是不能再像从前的女子一般的依人为生了，她们宜有一种相当永久的职业以自养。英虽受过中等教育，目下在小学校充当教员，不致闲居，但是这种职业于英终不相宜。一则所得薪金极微，每致入不敷出；二则秉性好静，对于校中生活每嫌吵杂，精神上时感痛苦；三则当教员不是一种永久职业，倘不继续研究各种新教法，数年之后必致淘汰。因此英每想在课余之暇，研究一种学问，另准备谋一种职业，不过英自己决不定究竟学医好呢，还是学画好，还是继续的研究各种新教法，仍旧做一个穷苦的小学教员？请先生为吾决定，并请说明理由。

胡瑞英　八月初十日。

〔答〕自由和经济独立的能力很有密切的关系，所以胡女士说现有的女子宜有一种相当的职业，这是我们很表同意的。至于职业方面，男女固然应有同等的机会，不过像教员及医生一类的职业，确以女子为尤宜。胡女士现任小学校教员，原是一种很高尚的职业，至女士自举三种“不相宜”的原因，似乎理由不甚充分。第一原因是薪金微薄，这诚然是我国小学界的大缺憾，教育为建设事业的基本要务，而小学教育尤为教育中的基础，我们深望教育当局不久有优良待遇的实施。不过这一点并不足以证明女士之不宜于教育事业。第二原因“秉性好静”，正是宜于教育事业之德性。学校生活似较他种机关为幽静。说到第三原因，我们以为教员是一种永久的职业，至于须要“继续研究”的工夫，不但教育事业如此，就是其他事业，如有志求进步，都须要“继续研究”。我们的愚见，以为上述三个原因都不能作为女士不宜于教育事业的强有力的理由，以为女士要自己审慎研究对于教育是否觉得有趣味，是否心里喜欢做，是否性之所近。这一点解决之后，对于教育的取舍，才有几分把握，学医好呢，学画好呢，以及继续研究各种新教育法好呢，似乎也可以把上面所说的一点做参考。此外还可以找认得的学医的人或医生谈谈，或与研究美术的人谈谈，问问内容，也不无参考的价值。

“搭架子”与“触霉头”

试观世界上压迫者与被压迫者，触目皆是。压迫者势日蔓延；被压迫者生活愈困，殊可非也。言其小者，则同服务于一机关，先进者较后来者势大，同一服务而有高卑之区别，位卑者因此而受位高者之压迫。夫人之得安适生活，精神快乐为上；被压迫者即减少精神上之快乐；减少精神快乐，即困苦之生活也，余目击心伤，特记之以告先生，未知可得一良好之解决办法否？

吴文浩

〔答〕初入一个机关做事的人，其中老同事对于他往往有“像煞有介事”的“令人难堪”的“臭架子”，最为讨厌，怪不得吴君要“目击心伤”。讲到良好的解决办法，虽然要看特殊的情形，不能找出一瓶“万应如意油”，但是大概也有一点意思可以说一说。这类事情的当局可以分作两方面：用上海话来说，一方面是“搭架子”的人；一方面是“触霉头”的人。用普通话来说，一方面是“排架子”的人，一方面是“倒霉”的人。我们对于搭架子的人当然要奉劝他们说，世界上的学识经验是无穷的，世界上人的本领大了还有大的，平心静气想一想，实在没有什么架子可搭！做一个人，要人敬重呢？还是要人看不起？当然是要人敬重。搭起架子，无论什么人都要看他不起！这样说来，搭架子的人不但是天下最卑鄙龌龊的人，而且是天下至愚极蠢的一位“憨大”，我们这样劝，搭架子的人能听最好，如不肯听，我们当然也没有法子。所以我要转过来替触霉头的人想一个法子。我以为触霉头的人在这种地方要用一点反省的功夫。不可轻举妄动的对搭架子，对闹脾气，倘若如此，触了霉头，还不免也做一个憨大。因为总是硬他不过，就是发脾气不干，也还不能算胜利。不过怎样反省呢？就是初做事的人，大概样样都不大懂；就是懂了一点，也不免手忙脚乱，或是憨头憨脑；再不然，或是做得太慢。总之难免有一点“阿木林”的色彩，此中也有一点令人讨厌的地方。此时唯一的方法，就是不必在意气上做工夫，且从心灵手敏上做工夫。做得有了效率，触霉头的机会便可减少，或竟至消灭。不过将来自己地位高了，或是自己做了老手了，却应当改良改良，不可“效尤”，也搭起臭架子，害得别人触霉头；倘若如此，终究还是一个憨大！

需要一条出路

一只苍蝇在拚命地向紧闭着的玻璃窗上乱撞，它不耐于屋子里的黑暗，看到窗外明亮，企图投向光明的处所；但是窗子紧闭着，苍蝇乱碰乱撞了一会儿，终于乏力地倒在窗下了。我静静的看了一息，恍然觉得悟到，那便是现代青年苦闷和挣扎的象征。

在这个窒息似的年头，青年们有一个一致的要求，便是“我们需要一条思想上的出路”。

回想到十余年前的“五四”运动，那是中国青年的黄金时代，开中国青年思想的新纪元。在“五四”以前，中国青年可以说是没有思想，思想上没有出路也没有方法；“五四”运动爆发后，研究学术的风气是浓厚了，研究学术的工具是改革了，其在政治上及国际上的价值和影响姑不论，而青年思想界的开放实在是彰明的事实。各种刊物风起云涌，学术研究讨论团体的组织，西洋各种学说的具体介绍，是的，在我们青年的历史上还有比这更欣荣的时代么？从前的青年只晓得读书，被动地并且枯燥地，他们的生活完全和社会现实隔绝，从这时起才知道除掉死读书以外，还有比读书更重要的思想问题，在这里我们找到自己的生命，晓得人生是怎么一回事，并且对于现实社会的一切疑问都设法解释，对于政治我们不能再放任，对于社会我们也得探视一下，总之，在“五四”时中国青年找到他自己的生命了。

但不幸自从“五四”以后，中国青年受着不良环境的压迫，又跑回原路了。青年们是有思想的，但压迫者不准你有思想；青年们希望有一条出路，但当局不给你一些出路；这种情况一年比一年甚，到今日可说是登峰造极了。青年们不甘于周围的黑暗，在窒息似的空气中感到无限的苦恼，刚强者稍稍挣扎，便断送一条性命，怯弱者没有办法，辗转入于堕落，他们不值钱的性命像苍蝇般一一死去。但最苦痛的还是一般不敢挣扎而又不愿堕落的青年，他们有一颗纯洁的向上的心，但当局不给他们一条出路。

在军阀时代，当局对于青年固尽力压迫，但那时中国的思想界远不像现在沉寂，坊间也时常见一两本新书和几种有力的杂志，民众运动——至少是爱国运动——并不像现在这样受压迫。国民革命军开始北伐了，青年们在这窒息似的空气中，激荡着热烈的革命意识和同情，他们在悲壮呼喊，他们在秘密活动，在他们之前有一个憧憬，希望革命成功，那么青年们便见光明了，在革命的同情和工作的麻醉中，对于暂时的苦闷我们很能忍受。革命成功了，宁汉分裂了，于是而国共分家，于是而清党运动，在这个混乱的时代，我真不知道中国青年究竟被牺牲掉多少？国民党可以容共或反共，要人们的言论可以分歧，对于总理的遗教各有各的见解，但青年们便在他们的矛盾中牺牲了。

这个年头是怎样一个时代？青年们都得受党义的洗礼，但党义的本身因要人们意见分歧而动摇。国难严重到如此地步，政府还是空言抵抗，学生们因不准请愿而闹卧铁轨，好像这个国家就专为学生似的。各处在呼吁和平废止内战，但山东四川都打得乌烟瘴气。政府不是实行考试制度么？但各处仍是推荐风行，任用私人。不是整饬吏治么？但贪官污吏触目皆是，输财买职贿赂公行。不是信奉禁烟遗训么？但扬子江流域各省已由非公开的变成公开买卖鸦片。下级党部不是负着指导民众的使命么？但除掉新添了一批剥削民众的党官外没有一些成绩，甚至有勾结官府包揽诉讼的，各处的旧军阀官僚又在蠢动，甚至重复声威煊赫起来了。都市生活日趋繁华；农村经济濒于破产；在这个年头儿，做爱国的人不如卖国者便宜，做奸商比卖国货有劲！不幸老天给我们生了眼睛还添上耳朵，看到这种情况，日子怎样过得下去？

两年前遇到一位姓张的朋友，青年们在一起免不了低诉时代给予我们的难堪的苦闷。这几乎是每一个青年的要求——“我们需要一条出路”。我说在这个政治紊乱社会黑暗的环境里，除掉责己以严推己及人之外没有别的办法，我们空口呐喊何用？每个人从自身做起，在我本身的立场上，做他所能做的最高兴最大的范围，譬如在积极方面洁身自爱，消极方面不干违背大众利益的道德的事，四万万国民都能从自身做起，那么整个的民族不是自救了么？于是朋友笑着说，你这种理想的个人主义，充满着小资产阶级的绅士意识；要说提倡个人的努力和廉洁可以救国，那是一条错误的道路，这不是我们青年的出路，国家的事情并不那么简单，只有以革命的团结的力量冲出一条血路。我对于那位朋友的话，似乎觉得有理又似乎无理，但那也无须哓哓了，因为他现在已经在某种嫌疑的罪状下坐了监牢。

看到目前的状况，鉴于一般青年的际遇，为了“明哲保身”，最好是装哑吧，像木偶一样的生活着，但有时亦不尽然，虽然自己幽默得像屋角边一条蜗牛，好事的人会不惜费神的把一大类新名词的什么主义加到自己头上来，不声辩便是默认，一声辩事情更坏，罪状更见确实，闭门家中坐，祸从天上来，这种事是素见不鲜的，等到证明查无实据时，已经过了几个月或年余的铁窗生活了，找谁去要赔偿？再噜苏便请你再尝两天牢狱生活！况且人类究竟不是木偶，能禁止他不说话，不能禁止他没有思想。

时代青年便在这种窒息似的空气里生活着。

去年“九一八”事变突发后，全国人心大震，严重的国难更给予青年以极大的刺激，为爱国的情绪所激荡，青年们似乎有了出路了，救国不是我们惟一的出路么？各校义勇军风起云涌，抗日救国的呼声高达云霄，三次入京请愿，冒风雪忍饥饿以督促政府收复失地，情形是何等悲壮热烈！曾几何时，抗日组织奉令解散了，学生们的团结也被分化了，于是盛极一时的青年运动，至此销声匿迹，看到今日社会上的歌舞升平，真要以为东北已经收回，日本军队已被我们赶回东京湾去了。“风萧萧兮浦江寒，不达目的兮誓不还！”当年的豪气慷慨，而今已同隔世了。在公园里的是对对情侣，电影院咖啡店和跳舞场都充满着青年学生，在这国难严重的当儿，这是什么一种气象？但细想也难怪，我们没有一条出路，除掉用物质的享受以及声色犬马来迷醉我们的心灵外，试问还有什么更好的方法？难道坐守着苦闷死了不成？

许多朋友是送命或坐牢了，许多朋友是腐化或堕落了，只剩下我们一般“革命不干腐化不愿”的青年，在窒息似的空气里苦闷地生活着。埋头读书么？读书为什么？对于大众的社会有什么贡献？走进社会的内层么？环境不允许你，你得当心你的头颅；况且社会给予我们的是如何一个可怕的现象，我们要大声疾呼，但是当局不允许你。闭着眼睛不看么？都市生活的矛盾以及内地民生的疾苦依然刺激着你，在我们脑海里盘旋着农村经济的崩溃和灾区人民的哀号，天气慢慢凉了，义勇军还在那儿单衣抗敌，这些都在暗暗地扯碎自己的心。用跳舞、看电影、喝酒、打牌或是唱电影名曲和《毛毛雨》来麻醉自己吧，那也未始不是一种办法，但我们的良心不允许我们那样做。

然而在这个窒息似的时代，我们难道让自己苦闷死么？我们要找寻出路，什么是现代青年的出路呢？

韬奋先生，你总不会把你自己摒弃于青年之列吧？你也是一位青年，你曾经感到这些苦闷没有？你也曾感到生活的矛盾么？你也曾挣扎过没有？你有没有一条出路指导我们？请你告诉我。

星翁　十一月五日。

〔答〕星翁先生的这封信，可以代表大多数纯洁青年的呼声，记者也是一个青年，声应气求，倍觉凄切。关于这封信的要旨，似可撮出两点来略加研究。

第一点可以说是修养和救国的问题。“修养”这个名词的本身无从讨论，要讨论的是它的内容和方向。如果修养只不过从个人做出发点，只打算“独善其身”了事，甚至养成一般“犯而不校”“唾面自干”的奴性，那是民族堕落的源泉，反修成民族的罪人！如果修养是从社会做出发点，那末就是革命的事业也需要革命的修养。即如星翁先生的朋友所提到的“只有以革命的团结的力量冲出一条血路”，这种革命的力量有待于准备，也就有需乎修养。严密的组织，精密的理论，准确的信仰，具体的策略，纪律的行动，都是修养或造成革命力量的要素，因为必须有了这种种才能发生出革命的力量来。救国事业当然不是靠着几个个人的修养便可解决，星翁先生的朋友的意见是对的，因为环境不改造，制度不变更，社会的恶制度和恶环境就是罪恶的渊薮，就是罪恶的制造场。

第二点是我们要找寻出路。关于这一点，记者在《生活》七卷第四十一期的《信箱》里《从言论到实际》一文已略有论及。中华民族有出路，我们才有出路；中华民族没有出路，我们也就没有出路可言。所以此处所谓出路，也可以说是中华民族的出路。关于中国的政治、经济、财政、军事、教育等方面的问题，在《生活》上都曾经发表过原则上的研究，借供国人的参考。中华民族要走上她的正当的途径，不得不铲除障碍；要铲除障碍，无疑的是需要一个大的改革。但是改革不是盲动所能侥幸成功的，必须有充分的准备，具备种种客观的条件，然后真实的力量才能产生。中华民族如不亡，这样的一个大的转变是必要到来的。在青年们如未即有机会直接参加，至少可先从事于积极的准备，所谓准备，并非说不管现实而只埋头读死书，乃在为大众的福利而研究，而努力，同时对于现实即不得不予以深切的注意。为个人利害而研究学问，检讨问题，是充满了自私自利的意味而且也得不到出路，无疑的是要没落的；为大众福利而研究学问，检讨问题，乃至谈一段话，作一篇文，以及其他种种活动，都以此为鹄的，方向既有所专注，心神自有所集中，随时随地都可含有推进新时代车轮的可能性。有力量的组织不是从天上掉下来的，还是由人造出来的，所以还须靠人的努力。

忍受不住的苦闷

寒松同学：中国人有一句俗话，叫做恭敬不如从命，你是我们的先进——至少是前辈，我真不敢直率称你做“同学”，但为了容纳并且尊重你的意见，我竟这样称呼你了。

韬奋先生对于我的“我们需要一条出路”那封信，已经有了回答，并且已经看过了。韬奋先生的热心是很可感激的，在这个苦闷的年头儿，青年们能够得到一点同情已经不易了，何况韬奋先生热忱地指导我们那么许多！他对于我们的贡献实在不少了，我们更有何求！韬奋先生的答复，我大致是满意的；他的意见可分两点，第一是修养问题，他说革命的力量有待于准备，也就有需乎修养，这一点最使我满意。在从前我以为一个积极的人是没有顾忌的，等到他闭门养晦，从事修养，已经入于独善其身的个人主义了。所以我一向以为“修养”是个人主义的专利品，也惟有个人主义才配谈修养。换一句话，便是把“修养”消极化了。我很感谢韬奋先生告诉我革命也需要修养。其实我的陷于错误也难怪的，在这个充满着黑暗和矛盾的社会里，革命者无暇顾及自身的修养，而因为一般人类是太自私自利，寡廉鲜耻了，所以社会上遇到很少有一两位独善其身的人，也就有“际此末世不可多得”之感，无形中使我钦慕那些砥节砺行律己以严待人以诚的人，虽然我自己连这一层也没有做到。

韬奋先生的第二点意见，说到我们要找寻出路，他告诉我们青年的出路也就是中华民族的出路，他劝我们从事积极的准备，为大众的福利而研究，而努力，同时对于现实即不得不予以深切的注意。这些话我完全同意，可是我们准备到那一天为止呢？照中国目前的混乱看来，未来的转变是一个有希望的充满革命意识的变动，还是一种混乱的辗转屠杀，使中华民族入于万劫不复的厄运，殊不可知这真是使我们展顾前途而感到无限焦灼的事。同时，在这准备期间，我们虽有心准备，其如环境不予我们以准备的余裕和机会何？我们以大众福利为目的而研究，而努力，而注意，但在在都是障碍、危险。况且我们在准备期内不能闭了眼睛，聋了耳朵，对于四周的一切不感到刺激，有刺激便不免痛苦，因痛苦而复陷于苦闷，我们不是偶像的崇拜者，也不能迷信前程，我们忍受不住准备期间的苦闷。

寒松同学，你绝不能告诉我怎样解决准备期间的苦闷？至于说到对中国革命问题的意见，倘若你能把我给韬奋先生的信再看一遍，便知道我没有发表意见的能力了。

星翁　十一月三十日。

〔答〕这是星翁先生写给本社同事寒松先生的一封信。寒松因事请假三星期回乡去了，他临走的时候，把这封信留下给我看，我觉得这封信里所提及的“忍受不住准备期间的苦闷”，倒是一个很重要的问题，因为这是大多数有志青年所感到的一种异常苦痛的问题，所以要乘此机会把这封信公开发表，并略附管见，以供研究。

我们为什么感觉到苦闷？不外乎不满意于现状；不满意于现状，即是要改造现状，可见“苦闷”是不平等的社会制度的崩溃的预兆，也可见“苦闷”是催促社会进步的发动机。倘若没有人觉得苦闷，便是人人都觉得满意，那末现状便已达到了尽善尽美的境域，用不着我们再有什么努力了。但是“苦闷”之所以能推进新时代的车轮，其枢机在乎我们一面感觉苦闷，一面仍在继续不断的努力；倘若苦闷至于妨碍工作的进行，那末“苦闷”反为进步的障碍了。到了这样的状况，意志薄弱的人大概只有两条路走——至少依这种人自己看来——一条是自杀的路，一条是同流合污的路。想走第一条路的人，是感觉到天下滔滔，惟我独醒，一人之力既无挽狂澜于既倒之可能，世界如此龌龊，不如死去，一瞑不视，来得干干净净，甚至视此为有勇气的行为，觉得敢死就是勇气！至于为着什么死，死得有无价值，都在糊里糊涂中不愿加以考量，或不知加以考量。自暴自弃的走入第二条路的人，是感觉到一人的力量既属有限，所谓大厦非一柱所能支撑，何必自苦，不如得乐且乐，同乎流俗，合乎污世，渡此残生罢了。就普通观念看来，也许有人觉得第一条路比第二条路来得清高，其实这两条都是堕落的路，从社会的立场看来，都是社会的罪人，都是以自私自利的个人主义做出发点的流毒！因为走第一条路的人的牺牲，不是为社会大众的福利而有所牺牲，实为着他自己想一了百了，实为他自己懒惰，怕奋斗或不愿奋斗而牺牲，这完全是从个人方面着想的。走第二条路的人，那是实行个人的享乐主义，显然的是在那里开倒车，更不消说了。

能知道苦闷的人，当然是在社会中比较有觉悟的分子，以比较有觉悟的分子——有革命意识的分子——徒以受了从个人做出发点的人生观的流毒，自杀的自杀，腐化的腐化，无意中减少社会向前推进的力量，这是何等痛心的现象！要免除这种歧途而保持继续向前努力的勇气，最重要的是要把个人和社会看清楚，要明白个人和社会的关系，换句话说，要铲除从个人作出发点的人生观，确立从社会作出发点的人生观。

我们要知道社会是动的，是向前进的，必须适合大众需要的新时代是必要到来的，我们的努力不过能加快它的速率，提早实现的时期，并不能凭空造出乌托邦来。社会才有力量，个人自己本来没有什么力量，能看准社会的潮流而向着正确的方向努力，然后个人才能发生力量；但是这种努力决不是从个人作出发点，却是从社会作出发点；而社会制度的改革又每恃乎比较长期的斗争，此“期”的“长”度究竟如何长，这是和努力者的工作和数量成正比例的。我们只须不违反社会大势向前进的正确方向，做此长期斗争中之一战斗员，便尽可尽我力量努力做去，无所用其失望，亦无所用其躁急。有我理想中的集团可得参加，力量自然更大，倘一时未有机会参加，也未尝不可暂在自己工作上努力。我是做教员吗？我便要把正确的思想灌输给儿童青年，决不把反革命开倒车的思想来毒害他们。我是做报馆主笔吗？我便要把正确的思想提出和读者商榷，决不作反革命开倒车者的代言人。我总尽我的力量干去就是了。只要方向看得对，我努力一分，必有一分效果，也许是一时看不见的效果。就是世界上的革命家，他们也不过看准社会前进的路线，联合同志往前走，而且即不知终身能否一定走得到而还是要向前走着。我们只要走得路对，万一未走到而先不由自主的送进了棺材——决非自杀——那也不在乎，横竖大队人马组成的社会还仍在那里向前进。我自问只要未曾做过它的前进的障碍物，并且还尽我所能在催促前进的工作上不无尽其力之所能及的贡献，那就是半途不幸送进了棺材，也可含笑瞑目了。像上面所说的走第一条和第二条路的人，他们拆烂污的程度也许略有差异，而都是把个人看得重看得大，把社会看得轻看得小，死的生的都不但不在催促新时代实现上有所努力，而且都做了社会前进的障碍物，做了社会的罪人！

根据上面的讨论，对于星翁先生所提出的“怎样解除准备期间的苦闷”一问题，也许可以得到相当的答案，那就是：既经明白我们既不能以个人的力量演回乾转坤的魔术，好像个人的英雄主义的幻梦，那就除了看准社会前进的正确方向，随时随地抓住机会朝准这个方向作尽量的努力外，关于时间的久暂（即何时能达到所希望的境域），不必问，问亦无益（因为非个人的力量所能预定），这样便不致因苦闷而妨碍工作的进行了。（苦闷的解除须俟达到所希望的境域的时候，此时但求其不致妨碍工作的进行而已。）

乌烟瘴气的现状，凡是略有思想的人，没有不感到苦闷的；但是这种苦闷既非为个人的前途着急，乃是为社会的前途展望，便只能愈益鼓励我们的向前努力，看准方向，尽我们的力量干去。正是因为不能忍受，所以要干——无论是准备的干或是实际的干，这是要依各人的能力和环境而定——如能忍受，也就不必干了。

辑三　恋爱与社交

接吻和道德

今有一疑问请指教，就是在两性间有了热烈的恋爱，而尚未经法律手续，在此时期内接吻，是否是不道德行为？在鄙人见到欧美风俗，在大庭广众间亦有此接吻举动，在我国则喜欢孩子时，往往亦有此举动。故鄙意以为接吻不能说有损道德。但是鄙人有一朋友，以为未经法律手续之前，行接吻礼，是不道德的事情。究竟孰是孰非？

张英　十七年二月三十一日。

〔答〕依我国的旧俗，有所谓“上床夫妻下床君子”，那末就是做了夫妻，你如在床铺上没有人看见的时候，尽管尽量的接吻，如下了床铺，动手动嘴，似乎就不免失了彬彬有礼的君子身分！照欧化的新俗讲起来，既有了“热烈的恋爱”，虽未经法律手续（就是指订婚或结婚的手续），而爱情的火焰在彼此心灵里熊熊焚烧着，口唇里吐出缠绵的情话，眼睛里放出热烈的情焰，不自禁的两唇相近相吻，只要是出于真诚，不能说是有损道德，不过仅仅朋友，就在西洋也不能瞎接吻的。

不知“情”是怎么样

在《生活》三卷二十七期的《译余闲谈》里面有几句这样的话：“做恋人时代比做未婚夫妇时代快乐，做未婚夫妇时代比做实际夫妇时代快乐。”又说：“热情原只是一时的作用，如果没有挚情来继续接连下去，便是苦痛的根源了。”我读了这几句话，使我薄弱的脑海中，时刻回旋着，这问题我自以为极难解决。我对于“恋爱时代怎样快乐”，和“实际夫妇怎样的快乐”，都不知道，因为现在所享受的，是“未婚时代的快乐”。我并未曾经过第一步，且已要到第三步去了。第二步较第三步的快乐，是大家公认的，我不能因为快乐而逗留着不前进，既然必定要到第三步，又恐怕蹈那常人的覆辙，而受着痛苦。要将来没有痛苦，必须要有挚情来维持，但是我是天地间的“蠢物”，不知“情”是怎么样。要我在不可捉摸的“情”字中，再分别出“热情”和“挚情”，可不是更难吗？所以要求先生指教！

昙影　十七年五月初五日。

〔答〕昙影先生既知享受“未婚时代的快乐”，可见不蠢！自居于“蠢物”，当然是客气的话。至于热情与挚情的区别，虽可以意会而不可以言传，但是大略的情形，也可以说一下。所谓热情，是爱好之情正浓，达于表面，例如时时刻刻要想见面或谈心之类，至于做了实际夫妇之后，见也见惯了，谈也谈得没有什么再谈了，表面的看上去似乎淡了许多，但是彼此心里仍是亲爱，不至讨厌，便是有了挚情。

快跟牢前面一辆女子的车子

久久怀疑着的一件事，要费神教导。我是生长在世代清高人家的女子，家教严紧，就是父亲叔父们的朋友来了，我也不能在客堂里，一定要避开。由小的习惯，竟刻得很深；四年前离了家乡，来上海男女同学的中学求学（校长和叔父是至友，所以我会去），在校中从来不会和男同学们谈一句话，他们有时高声叫我，我也不应，因此背后出名叫我古怪。现在离校许久，每想到以前，不时要笑我自己。今因处境的关系，没有同学同伴（以前的女同学，都各处一方，不过时常通信，有时晤叙）。外出行走，常是一个人往返，十有七八次，有人在背后劳驾，嘴里噜噜苏苏的说话，一直会送到我门口为止。他们竟会很远的路跟着；我始终报以不理，面若冰霜，我知道繁杂的上海多轻浮少年，要做成高尚纯洁的女子，不得不假痴假呆似聋似哑的处处小心。每一月中，也有二三个星期日，和我从前的同学到影戏院去看看影戏，时常有人写了地址姓名放在我的坐位旁边。这已不足为奇。并常能听到他们自言自语道："女士！你怎的只是不响，处此男女平等，社交公开，欧风东来的中国现在社会，很平常的事，我不过希望和你做文墨上的朋友。"上星期日我和李女士二人同到北京影戏院，坐在我右边一位西装少年，又是如此了，他好似知道我英文不十分懂，每一幕滑稽片上的英文，他必说了中文；临行时，我和李女士分离了，坐上人力车回寓，只听得后面说道："快跟牢前面一辆女子的车子！"不停的在车子上说话；倘使他没有听得我和李女士讲话，一定以为我是一个哑子。他并写了一张纸给我，上面写了名字地址电话号数；我很不愿人家送到我门口，听他的说话，还不轻薄，我坐在人力车上也就破题儿第一次答复"不必劳驾，无暇"。他很快活的说，那么请你写信给我，并且付了二角车钱给拉我车的车夫。哎！使我为难极了！我很不愿和一个完全不认识的人讲话，这车费，于心一定要还他，虽则区区之数，我很不喜欢有此举，但是他的车退回了，我的车向前进了，先生！请你教我，要用什么法子才能免掉这种为难？我面若严父，生平不喜装饰，又不美丽，为什么时常有这种遭遇？怀疑得很！理想中他们对一个完全不认识的女子的我，有这种行为，他们对于无论那个女子都会如此。倘使真是一个高尚纯正，热心有道者，能增进我的学识，研究英文，那是求之不得；但是，在我理想中始终不能相信在完全不相识的人中有这样一个良师，不过很怀疑，所以很诚恳的请求指教。

张冰洁　十八，六，四。

〔答〕我们以为女子交友，尤其是异性的友，倘非深知对方的品性及家族的详细情形，以勿亲近为稳妥。非经可靠的亲戚朋友介绍，以勿认识或谈话为稳妥。像张女士所举的例，简直是上海人所谓“钉梢”的无耻卑劣行为，宜严防，决勿上当。女士说“听他的说话，还不轻薄”，以为也许“真是一个高尚纯正，热心有道者”，其实不然。他看见女士“面若严父”，知道女士是正派的女子，不易用轻邪的手段引诱。便假正经的那样做，正是他手段之阴险，不可上他的当。我们深信“高尚纯正”的人决不肯做那样“钉梢”的无耻卑劣行为。

就在西洋，好好人家的女子，交异性朋友也须先有亲友介绍，也以戏场公园自己瞎认得为可耻，而在中国的无耻男子却以“欧风东来”自掩其丑！法国女杰罗兰夫人临终时候有几句很沉痛的话说：“呜呼！自由自由！天下古今几多之罪过，假汝之名以行！”如今假“欧风”以行的罪恶也何可胜数！

女士问“要用什么法子才能免掉这种为难？”（一）我们以为最好能有年岁较长的长辈如母亲之类同行，法国以浪漫闻于世，乃据秦国献君（屡有特约通讯登本刊）最近由法来信说，法国的良家女子出门的时候总是和母亲一起出去的。（二）如有可靠的男友同往也可以。在西洋做男子的对于女友一同出游，负有卫护的责任，叫做escort，陪出去的时候要先得女子父母的同意，时间不得过晚，而且最后还要亲自陪送她到她家里，才可分别。这种较良的习俗，我国人注意者寥寥，却以“欧风”自掩其“钉梢”之丑态，真令人齿冷！（三）如有女友作伴，人数能略多更佳，也未尝不可，惟不宜于晚间走经偏僻之地，而且如遇着“轻浮少年”之诱惑，要始终“报以不理”，俾免上当。

租了小房子以后

我现在有一件事情要告诉你们。他的籍贯与姓名，我现在都不愿意讲出来，不过他是曾在邮政局作事，至今还在细尝那铁窗风味，这是可以明明白白地告诉读者的。

他家有老父母和一个弱小的弟弟，家境本不宽裕，那里还能有力量去读书？（读书这件事，在近来的社会中，已是没有我们穷小子享受的份。它似与汽车洋房等等一样的同为一般特殊阶级者所应有的点缀品了。）所幸他还有一个明达的叔父，在北京（彼时尚未易名）某部任职，时常寄款，使他入学读书。他得了他叔父这一点帮助，才能由学校毕了业，考入邮局，维持一家四口简单生活。

他在局中工作原很勤慎，故当局亦非常器重他。调他在上海总局某部办事，亦从未有过差错。他自己对于职务上颇感兴趣，但是他每日工作后总觉得上海缺少一个很适宜的疏散精神的地方。虽然有几个公园，他也看得厌了，因此他工作完毕，回到寓所，每每总是无聊。有一次他朋友看他实在闷得可怜，因向他说道："公园你既不愿去，家里又无聊，那末你何不到三公司的屋顶花园或大世界、神仙世界等地方去玩耍一番呢？""啊呀！算了！算了！那些地方游客众多，空气污浊，气味庞杂，倒反不如公园还觉清静些。"他这样回答着，但是当那朋友俯下身去，附着他的耳朵，向他笑说了几句什么话之后，他忽然改变了方才的反对态度，只是点头微笑。

自此以后，他每日必到某马路的一个什么大地方去，可是没到一个月，那个大地方又忽然的不见了他的踪影。事后经人调查，方知他已与一个年青女子（据说就是那个地方的女招待），在某处租了小房子，实行那同居之爱了。

以仅能维持四口简单生活的进款，欲组织上海式的浪漫家庭，本属难事。那女子虽尚守分，但衣服丽都，饰品精美，是一般女子——居住上海的女子为甚——绝不可少的普遍的需要心理，何况与他实行同居之爱的那位女子，所以能够首肯与他同居者，当初原含有是项需求的百分之几成分呢。至于他为体面计，为愿她美丽计，本亦极勉强的、自动的，愿罄其所有供给她装饰之需。无奈进款数目限制了他，使他力不从心，始而还能东挪西借的敷衍，后来简直捉襟见肘，窘态毕露，他因为欲弥缝这种窘迫现象，遂不惜甘投法网，借邮局派他充押运邮包的时候，竟作出那偷天换日的手段出来。初一二次因他平素信用极佳，当局不疑及他，可是时日一久，终于被人告发，既已证实之后，除了立请他尝那铁窗风味之外，还要责令其家长赔偿。可怜他家本寒素，那有此巨款？加之自从他在上海租定小房子之后，家中接济久断，老亲弱弟告贷无门，时常断炊，如今他父母忽得此恶耗，焉得不气急交加？他那风烛残年的老母就此去世，老父忧伤之余，得了疯疾，不久亦步老妻后尘去了，只剩下孤苦伶仃的弱弟，毫无知识，飘流在外，不知所终。至于他那明达的叔父，早已作了北京灾官，自顾不暇，再不能如从前在北京那样的接济他们了。至与他实行同居之爱的那位青年女士，既无人过问她的闲事，她亦只得尽携所有，另觅第二同居者。

这一切全是在他入狱后的事迹，可怜他自己至今还一点不知道呢。

以上这一段事实是由一个至友目睹的，同时闻得乡人谈论，有的说是他的错，不应该迷恋一个贱女，作出罪恶，害得家破人亡；有的说是她——被指为作女招待的某女士——的错，不该引诱青年，使他挥霍无度，以致作出罪恶，害得家破人亡。对于这二说，他——我的至友——似乎觉得皆有相当理由。我以为此类事在上海是一个极平常普通的现象，类此事迹，不可胜数，原无足奇。不过仅就上面所说的那件事实讲起来，邮局方面缺少了一位勤慎办事极有希望的青年职员；而同时在社会中添了一个作奸犯科的罪人。

祖雨人　十八,九,十四。

又想又不敢

在第四卷第四十六期《生活》《读者信箱》里面看到祖雨人君的《租了小房子以后》。我一口气把这篇东西读完，以为后面总有先生按语，想是先生事情忙，再不然就是这篇东西无批评之必要，所以后面就刊了别的信了。

我以为像祖君文中所说的那样青年所犯的相等的毛病，现在社会上是很多的，我们常可以看到。先生的主张是：青年人们在经济问题没有解决之先，切不可结婚。诚然！这句话我亦认为是对的；但是这经济问题的解决是没有标准的，究竟每月能收入多少才能算是“解决”呢？兼以处在这种环境之下，性欲的火正炽之时，任你经济怎样不能解决，这性欲是急须要解决的。因为要求性欲的解决又不得不求诸异性，而比较容易的只有娼妓。假使你要多在妓寮里毁身几次，就会使你梅毒满身，于是社会就要攻击你，诽谤你了。所以现在青年所犯的罪，不外乎“舞弊”“强奸”“移挪公款”等等，将大好青年逼入堕落之途，因为他们经济是没有基础，结婚势所不能，日受环境的引诱，欲火时时的燃烧着，时时要求满足性的要求，在平时那微小的薪俸仅足维持个人生活，或者连带要维持家庭的，这时忽然平添这一笔额外巨款，又从那里来呢？所以东扯西拉，“舞弊”和“移挪公款”“强奸”等犯法的事情就要层出不穷了。我想这是现代社会的通病吧！不晓得先生你以为是不是？就拿我个人来说，我亦是其中的一个，现在年将弱冠，在一所公益机关里服务，学识是没有的，每月所入倒还“颇足自给”，结婚的事情，现在只要我答应，就马上可以办得到，我的家庭里是很希望我结婚。但是我又想结婚，而又不敢结婚。想结婚是因为结婚之后可以替我解决性的问题，不敢结婚是经济没有基础，所以现在还处在进退维谷中。一方面我的环境很恶劣，很容易不知不觉会犯着我所认为的上述社会的通病，很容易走入堕落之途。

现在我很希望先生替我解决这个“结婚与不结婚”的问题，连带着解决“经济不能独立，结婚是很危险的；但是性的问题又不能解决，要解决性的问题，除了结婚而外就要往堕落的道上跑”，那末我们怎样办呢？请你在有暇的时候，回给我一封信，敬祝撰安。

柳寒若　十月十三日。

〔答〕老友庄泽宣先生在他所著的《青年四大问题》里，第一章就研究“男女问题”。（此书很有价值，本刊从前曾经介绍过，由中华书局发行，全书八十八页，定价二角五分。）他劈头就说：“‘饮食男女，人之大欲也。’近代心理学家也以饮食男女为最重要的本能，有的甚且以为除此而外没有本能，所谓分析派的心理学家竟把心理上种种作用的根原都归到性的潜势力上去。这些主张虽然未免太偏，但于此可见男女问题的重要了。”我以为男女问题诚然重要，但是我们要知道性的问题不过是男女问题里面的一个要素，如因要解决一个要素而置其他要素（经济独立当然也是其中的一个）于不顾，则所得之乐往往不能抵过所受之苦。除非在法律上打破现有的婚姻制度。（美国林德西法官Judge Lindsey所提倡的判婚制，即是打破现有婚姻制度的一种企图，很有研究的价值，他有一书详述其主张，我很想在本刊作一文评述其内容。）要维持一个独立的小家庭，不得不有相当的经济独立能力，这既是事实上的需要，便不得不顾到。所以庄先生在他这本书里也说：“我们以为婚姻的先决问题是经济独立。中国大家庭的弊害是人人所知道的。我们既不赞成大家庭，那里还有结了婚去依赖父母的道理？外国人要结婚，不但自己先能有本领独立，而且要储蓄得一笔款子，至少能维持一切开支而有余才行。”陈鹤琴先生曾经根据实际调查研究的结果（详见“东方文库小丛书”《家庭与婚姻》），结论中有一条也是“在经济未独立以前，千万不可娶亲”。庄陈两先生都是学识湛深经验丰富的教育家，也都觉得经济独立是婚姻的先决问题，更值得我们的注意。柳君对于这一点“亦认为是对的”，他的疑问是：“究竟每月能收入多少才能算是解决呢？”这当然是要看各人的境地而言，不能以一概论，至少要维持一切开支，如衣食住行等等，虽无一定的标准，但总可依各人的境地而酌加审定，不是绝对不能预算的。如今柳君说“每月收入颇足自给”，倘所谓“自给”者是仅足自给一个人的费用，我们认为以暂缓“想结婚”为妥。

不过柳君却虑“性的问题又不能解决”；依他的意思，“要解决性的问题，除了结婚而外就要往堕落的道上跑”。我觉得堕落与否，受环境引诱与否，和一人的意志及修养有密切的关系，若说嫖妓一事，要嫖的人就是结了婚还是要嫖，你只要看妓寮里的人物有许多都是结过婚的，便是明证；能有相当自治力的，不要嫖的人，就是未结婚也不一定要嫖。但是如果不嫖，性的问题不能解决，“那末我们怎么办呢？”，我以为古人虽说“男女饮食，人之大欲也”，男女的“欲”究竟不及“饮食”之大，所以常听见饥荒的地方有因荒得不耐而发生“易子而爨”的惨剧，却从来没有听见有什么“色荒”的地方也因荒得不耐而发生“易女摧残”的悲剧。我们虽不附和违反人性的“禁欲主义”，但如“年将弱冠”的柳君，事业正在发轫的柳君，除了立刻结婚，就要往妓寮里钻，除如此纵欲外，便没有他法暂行调节，却不能无疑。调节性欲的方法很多，消极方面如避免引起性欲冲动，尤要的是少看易动性欲的刊物，如诲淫的小说书报之类；积极方面如专其心力于学识的研究或事业的经营，有相当的娱乐，如诗歌音乐之类，此外多运动也很重要。

上面所说的话是就现在社会及家庭组织之下，要得比较愉快的自由的小家庭而言。若柳君实在觉得“欲火”“燃烧”得厉害，实在觉得无从调节，实在觉得急不可待，那也许有过人的特性，倘若大家族可以供给，自己又情愿缠在大家族一起，那末与其将来“梅毒满身”，不如姑从大家族的“要求”而“马上可以办得到”，因为两害之中取其轻，总比取其重者胜一筹。

两造星数不合

我的朋友C君年二十岁，现在本市某大学肄业。她弟弟系C君同学，交情甚好，她系中等学校毕业生，现二十一岁。C君由她弟弟介绍，认识了她（约有两年之久），彼此均以至诚友谊相见。C君（以下简称他）品学尚优，稳重自持，甚得她的父母器重，所以时常到她家里和她谈大，或切磋学问，情感甚投，互慕尤殷。可是他俩总没有勇气，不敢开口来说一声甚么爱和情，只得在心里明白。

我承他告我以上消息之后，就想替他玉成这事，刚好知道她的父亲也是教育界里一位有名人物，而且又是我家兄的挚友。所以我就请他（指家兄）做了月老，和他说合，她父亲很重视他（因为他的一切，已印入她父亲头脑），当家兄提起他与她的事情，那时他尚和颜悦色地说："他俩自己能够称心，我也当然喜欢玉成，而且我也很信任他，容我晚上与内子一说，明天回你的信，好吗？”我知道得了这种复音之后，非常愉快，以为这事是不难成功的，同时也深为C君庆幸。孰知好事总属多磨，不幸的事情就由此发生了！

她爸爸是一个深信星数的人，虽然开着眼睛，居然也做起瞎子来了。当晚就将她与他的时辰，拿来合婚，命运不辰的他，不知道什么阻碍，竟合不来。翌日他致书给他（家兄）说：什么“……两造星数不合……”使一个完满好事，一变而成昙花，星数的害人是何其深啊！

C君得了这样失望消息之后，悲痛欲绝，我为他斡旋得了这样成绩，已经很够失望，复以C君如是悲痛，慰亦无效，我也为他急得废寝忘食，又想不出法子来。究竟星数是甚么东西？能破裂人们的情感，这是我一个重大的疑问。现事已至此，有无补救方法？假若星数不合而强配，于前途命运有无影响？恳先生费神代想一下。

十九，二，二五。

〔答〕星相事全系迷信，在思想正确者绝对不至惑于迷信。此事唯有设法婉劝其父，或请亲友共同设法婉劝。依法律言，如双方本人年在二十岁以上，则婚姻有自主权，虽须征求父母同意，如父母无理阻碍，在子女方面，亦可各行其是，可以不受拘束。惟在此种情形之下，亦有一重要条件，即子女须有自立之能力，不必倚赖父母之接济，否则父母或因此断绝经济上之援助，实际上仍有困难。盖欲享愉快自由之婚姻，必须有相当之奋斗精神与能力，权利义务，常须并行也。

十九，三，七。

师生恋爱

我是一个将近二十岁而尚未找到终身伴侣的男子。在去年暑假，我就脱离学生生活，来充任小学教员，我的校中，有一位女学生某女士，她生得很可爱，丰白的脸儿，温柔的性情，年华二八，当然也懂得爱情为何物。青年男女，相处日久，情深势所必然。她渐渐地和我情投意合，心心相印。无奈学校是众目昭彰之地，又因为要避嫌疑起见，那里容许我俩作畅快的谈话。所以相见时，惟有打个招呼而已。咫尺天涯，正堪为我两人道。这样受过了几个月，所谓至情，尽在不言中，我俩的爱情，因之而竟达沸点，她也不待我的求婚，而肯以身相许。我也把全部的爱，施在她身上。可是除我和她心照之外，竟没有第三者知我俩的情感，有如是之浓厚。她那婀娜多姿的倩影，没有一分一秒不盘踞在我的心坎中。唉，俗语说得不错，“只愁勿做，勿愁勿破”，我俩的秘密，竟被人家窥破了，所以人家都向她冷嘲热讽。她的生性，又是很怕羞的，并且和我有师生关系。职是之故，她曾向我严辞拒绝，以后再不要和她发生关系。可是我仍旧继续向她进攻，她总是毫不动心的拒绝。

先生，恋爱是很光明的事，难道她肯为了人家讥讽，而牺牲爱情吗？假使正是为此，那么，我应当把怎样动听而合理的话去开导她：或许因为她的年岁很轻，有人从中破坏，她就轻信人言，而不再爱我，那么，我应当把怎样方法重新得她的爱？我处此情景之下，实有忘餐废寝之概。用是函达，敬求火速指示，将来或有成就，都属先生所赐矣。

十九，五，十四。

〔答〕足下爱一学生某女士，现该女士因受他人之讥讽，以至严厉拒绝，现就管见所及，敬答如下：（一）师生恋爱，固为法律所不禁。惟以我国尚未十分开通，一般顽固派见之，尚不免有所不满。故此事即欲进行，亦须审慎，不可过于性急。（二）依法律言，男女婚姻，在二十一岁以上，始有完全自主权。今对方女子，仅十六岁，尚属幼小，对于观察考虑力量尚弱。且未满二十一岁，对婚姻无完全自主权，须由其父母主婚。如父母不允，惟有俟女子至二十一岁时自己作主。故就法律年龄一点言，足下如不获对方家长之同意，只有暂搁之一法。（三）在此数年之间，或有夜长梦多，难于稳得之虞，则全视某女士本人对足下之心志如何为断。如对方果有诚意，虽有数年之久，亦无危险。否则前途如何，诚然无从预言也。今某女士已有拒绝之举，则对足下是否有诚心相爱，已不无疑问，倘对方女子，并无恋爱，在足下则更不宜以单恋而含有强迫之作用，当翻然改辙也。就上述数点立言，足下对此事不宜性急，当徐俟机会图之，且不宜轻于发动，免对方女子处于难堪之境域，否则爱之适以害之也。至于机会一层，原难预说，倘一时无相当机会，只得俟女子年龄略大，其本人思考力略充时，再图进行之方法耳。

十九，五，十八。

我简直不得过问了

我的爸爸在三年前就逝世了。我认为可以作终身伴侣的她，本来是一个同乡而有点戚谊关系的女儿。她是两岁时就没有父母的，我的妈妈便把她领了过来，当作自己亲生女儿一样。因为她的活泼聪明，任何人都怜爱，尤其是自幼耳鬓斯磨的我。在旁人都以为我们是兄妹，其实本来她是在我们家里长大的。为着她的求学问题，经过了千辛万苦，把我自己的一笔保险费取出来，亲自陪她到沪升学。总之，由小学而中学而大学，十五年于兹，无一时不在为她奋斗。不幸今年正月里，我的妈妈又和我们长别了，当然我不得不回去一次。在这样短时期中，我已经料理清楚而返沪了。可是她却认识了一个朋友，是这样一个善于狐媚女性，善于离间，并且家乡娶有妻室的败类。他用一些不伦不类的革命言语来欺骗她，而想遂其肉欲，因为他是一个不正派的团体的份子。其实她并没有负我，他恐吓她，要挟她，要她立刻脱离我的关系。现在他们租有小房间，我简直不得过问了。

先生！我和她十年来精神恋爱之真诚，可以质之鬼神。在我以为我们光明正大，不妨声明脱离他的关系，而迁地为良的。不过依她的意思，是要秘密的脱离他，怕他对我有不利的举动。所以此时事处两难，要如何来解决这种奇异的问题，只有征求先生的意见了。

十九，六，一。

〔答〕承示有一女子，早失双亲，故由令堂携育成人，足下与渠成情甚笃，有意婚姻。不幸令堂亦逝世，而足下归家料理丧事，不意此女子受人引诱，竟与一有妻之男子另租小屋同居，诚属憾事，此事在男子方面，固为违法，即已有妻室而再引诱其他女子，亦为法律所不许。惟此女子既与足下甚相爱，早有婚姻之意，何致受人引诱，可见对足下并无专一之爱情。故如此之女子，在足下又何必如前此之迷恋！至足下拟嘱其脱离该男子，而与足下同居，如无正式结婚之手续，亦属违法，与上述男子，盖亦所谓一丘之貉耳。承示某男子或有行凶等事，在足下如为正式结婚，当可受法律之保障也。

十九，六，七。

没有勇气

我有位朋友，他是一位中学毕业生，父母已是去世。他是个幼子，所以没有结婚。兄长们都各自立了，因为家庭环境关系，他日里服务社会，夜间便进一所夜校里求学，为人很正直。恋爱呢？他识女朋友很少，而且多半不是深交的，所以也没有了。最近发生了问题，就是他已爱上了她，能不能和她做终身伴侣的问题？

她是一个乡中女子，幼时受过一些教育。因为父亲死了，兄弟姊妹都没有，家庭生活是靠她母女二人维持的。经济又缺乏，只得往外为佣。刚巧到了他家中料理小孩子，他家中平常对于使用人都以平等待遇的，所以他一见便抱着怜爱的心情喜欢了她。因为她是很聪明很能干和相貌都很好，只可惜她的环境，使不能得中等以上的教育，和一般中等人们比较了。她说话非常圆转活泼，而且行为举动，和那些愚仆蠢婢，实相差天壤。可怜的她，受环境压迫，竟到这样地步。阶级不平等啊！我朋友就碍着阶级，于兄弟方面和旧礼教的拘束，没有勇气，提出婚事，所以只是存在心里不释的念着、爱着。至于她呢？也非常感激领受他的爱。在这情形之下，她能否和她做终身伴侣？能做终身伴侣于社会上家庭上有没有非议？非议是否可怕呢？我友本着热诚告诉我转求先生明示一下希望先生不嫌繁琐，加以指教为幸。

十九，十，十九。

〔答〕贵友某君，与一女仆发生恋爱，且有意婚姻，惟恐旁人非议。查如确系真正恋爱，则无阶级观念，亦不惧他人之非议；如恐他人之非议，则不配讲恋爱也。故某君与女仆恋爱，在原则上无所不可。至能否办到，须视本人之有无勇气与奋斗精神为标准，殊非他人所能代决也。

十九，十一，一。

要我拯拔她出火坑

我是一个正在有为的青年，今年的年纪，只有十八岁。因着少年的血气，冲动了欲念，并那心意薄弱的缘故，在去年的秋季，我不幸堕落了，昏昏沉沉的过去半年。但是在今年的夏季，我也曾有一度的悔悟，深觉已往的不是，而想改革它。唉！曾几何时，故态又复萌了。原因是所认识的几个妓女当中，有一个叫陈月芳的，她为着受不了风尘中的苦楚，而一意迷恋着我，要我拯拔她出这万恶的火炕。我虽然表示着无能为力，并不能赡养她日后的生活。无奈她一心的向我要求，诉说她种种苦处，声明以后决无二心的从我，并海誓山盟的哭求着。她虽是这样，我总以为妓女多半无情，不肯深信她的话，所以我用了很严厉而很能使她暴露本来面目的方法去试验她，她总是很诚实的，一点破绽也没有，因此我现在又为她而沉迷了。

不过我要娶她，对于她的地位，我是没有定过亲的，这到不生问题。惟我的经济力，却尚是被慈亲所管着。我本可以向他老人家疏通的，但有两个难题：一个是现在的家庭，非我亲生的家庭；一个是我倘向他老人家开口，成功到也罢了，假如不成功，那我一生的幸福，势必就此断送。有这两层关系，所以至今我还是在那里延搁着。

至于我的心中，一方是受过养育之恩的义父母，待我又很好，如同亲生的一般看待，那里可以任意的放浪呢！一方是我所爱而复可怜的她，虽是个妓女，然她既死心塌地的从我，要我拯救她，那里又可以忍心去而不顾呢？所以我对于这件事，虽经过数度的考虑，却始终想不出办法来。听友人说：先生是善代人解决困难的，所以我就不管好歹的写了出来，请先生指教。

一，一，二十。

〔答〕足下与一妓女发生恋爱，有意娶彼，而不敢向家庭开口。愚意婚姻以两方本人恋爱为基础，原不应有阶级成见，对方虽曾为妓女，只须革心归善而与足下彼此确有真爱，则有情人得成眷属，原属美事，亦无不正当之意味；惟无爱护爱人之能力、决心与勇气者，不配谈恋爱。今足下此事，在顽固之前辈，当然难免反对，足下如无能力，决心与勇气抵抗此反对，则不够援救爱人之资格，此事只得作罢。否则在理由上固非不正当之事。故此事须由本人自决，殊非他人所能代谋也。

一,十二,二十。

找不着如意人来

我是一个很高尚、很纯洁的女子。虽然我的容貌不是超群轶众，但是也非丑陋不堪；我的学业不是出类拔萃，但是也非目不识丁。我想一个女子，既然稍有姿色，稍有学识，对于终身事情，即不愿随便任人摆弄，所以我就对于选择丈夫上，十分注意。我的选择丈夫条件，倒也不外容德才学，不过这四样总要样样俱备，有一件欠缺，就觉着不合心意。但是，先生呀！我选了这几年，不是长于此，就是短于彼。结果我仍然形单影只，找不着如意人来。

我现在已二十六岁了，年已逾笄，貌将就衰，尚过此枯干日月，心内愁烦不用说了，所以灯前枕上，月夕花晨，费尽了踌躇，我想出三个问题来，这三个问题，就是我想就教于先生的问题：

（一）仍抱原来宗旨，继续留意，如永无合心男子，即永不嫁人。

（二）用原来宗旨，限定时间，在此时间内，有称心人固好，如无称心人，然后将条件改变，迁就定婚。

（三）现下就将从前宗旨改变，俯就从人。

以上三个问题，请编者先生为我决定，孰去孰从，将惟先生之指示是听，盼甚！感甚！

二,十五,二十。

〔答〕选择配偶，确有困难，惟对于选择条件，亦不宜太苛。对于人选方面，当以品性为第一要点，兹就所论二点，敬就敝刊所知，奉答如下：（一）承示是否继续物色，如永无合意，即永不嫁云云。查条件如不太苛，而自己又确有可取，当易得到如意郎君。至如无合意而即不嫁，如出于自然不嫁，固无关系，如出于勉强不嫁，则于心理上生理上均有妨碍。愚意只要留心物色，同时多托可靠之亲友代为留意，不难得到相当人物也。（二）承示限定时间，如在此时间内无合意者，然后改变宗旨迁就定婚云云。查此事如一时自己得不到合意者，或可请亲友中共同物色，经自己加以审慎考虑自决，亦未尝不可。至所谓迁就者，不知如何迁就。

愚意品性笃厚最为重要，倘此层迁就，则嫁后每多危险，不可不慎也。

二,二三,二十。

有四位之多

在我的问题，未开始诚实的叙述以前，因为我与先生不相识的关系，不得不将我的略历说一说，我是一个中等学校已经毕业而且服务于社会多时的青年，所服务的机关，大概男女职员各半，因此我平素接触女性的机会很多。当此社交公开的青天白日之下，自问无论对于男女性的朋友，都是对人以诚，律己以礼。所以有许多初会面的朋友，不但一见如故，而且常常胶漆相投。我的年岁虽轻，我的生活虽单调，倒觉得南来北往，非常自由，乐趣无穷。一班爱好的朋友，平素多知道我是一个富于情感的人，他们常常直接问我，或怀疑着，怎样某人至今还没有恋人呢？我有时竟无话可答！因为我自己本着对任何朋友，都很诚实，感情方面，总是分不出浓淡来！再说我的家庭，弟兄并不多，小有家资，二老已近半百，父母虽钟爱我，头脑很新，平时觉得儿女婚姻问题，任其自由选择为宜，不过二老只有希望有参加意见的机会。总之我知道我绝对是不能长此独身的，所以有时我对于朋友，略略说一点择偶的标准，就是（一）和霭；（二）健美；（三）擅长歌舞文艺；（四）同等年龄资格。现在我所处的境界，以个人承认能合于以上标准的女友，有四位之多。至于她们的愿望，把她们平常给我的信，露出一鳞一爪，录在后面，就可想见了，现在姑匿名写在下面：

（一）K女士，她信上常常对我说："……我对于你已经认识了，我绝对没有异意了！镇日盼望着，收获我们美满的果儿……"

（二）C女士，她信里常对我说："……我的意思，想你已经明白了，M君！你不要犹豫吧！我心目中只有你是为我唯一的良友……"

（三）L女士，她和我同事多年，常常和我逛逛公园！每当月夕花朝，谈到她自身，她总是嗟叹不已！我是天真少年，喜欢热闹，她若是谈到这些话，我就七扯八拉乱说些许多笑话或故事，挡了她话头，因为我是不喜爱谈那悲哀和凄楚的，但是她最后总说到什么"……M君！您看，那月儿又圆了！人事茫茫！怎么凄切的我，总得不到人的同情呢？……不如愿，毋宁死！……”

（四）T女士，因为同学的关系，常常晤面！有一次聚餐以后，我的衣袋里忽然发现一张不具名的条子，笔迹我很认识，上面说：“你真使我沉醉了！我愿长此醉吧，可爱的醉乡！有谁人能侵占呢？……”

我接了她们信后，总是锁在另一箱子里，或者替她们焚了，回她们几句谢谢盛意的种种客气话，就算了事！但是现在她们仍是那样来信写着，倒教我弄得没法了，我虽独身，我无永久独身之可能！若马马虎虎择一而从，未免辜负其他三位盛意！且而国法规定，天良难泯！若应允二人，更非人道！用特专函恳请先生指导方针，则感德无涯了！

二，十八，二十。

〔答〕承示现有四女友，嘱代选择，以何者为可取，以作终身伴侣。查婚姻为终身大事，且各人所好不同，殊难代决。就其普通言之，选择要点，不外品性温和，体格健全，学识优长，品貌端丽等等。愚意以品性为尤要，此外则全视各人自己所好而有所轻重矣。

二，廿八，二十。

AB的两个问题

鄙人接得友人的来函，叫我解决他的两个问题，并且说明理由。我实在不敢冒昧的回答。现在把这事实写在下面，请你根据了事实，解答我友的问题。

他在从前入校的那一年，同级的有一位A女士，她是那级的高材生，她是一个非凡的女子，全校的师生，总是称誉着她。她用功于课业，所以她的学期总平均，总在八十分以上。到了第二年级，她于正课是松懈了，特别有趣味于文学；在上课的时候，有时贼偷贼摸的偷看小说。时光是过去了，先生已经二次地当面的对她说："你的代数二次不及格，化学一次是五十分，一次是四十分；非用功不可啊！"她受这刺激以后，立誓要用功学业。他的程度虽然不好，但在本级中要算他的代数最好的了。她于课后第一次涨着血红的脸来和他讨论。常此以往，发生了热烈的爱，因此发生了关系，终于自愿的订约，这真是他梦想也想不到的。从此以后，如兄如妹的亲昵。在上二学期的暑假里，足足的通了十五六封的信。到暑期完了入校后，又开始了爱的生活。到上学期将放年假时候，他才发现了她对他的淡薄。但是他决不肯当她的面，表示一些什么。从年假开始后，直到年假完了，未得她的一信。就是他写去的信也没有回复了。背后的消息，也听得一二，的确是有变了。这时候的他，好像丧家之犬。他的父亲的脑筋，是很清楚的，所以从前没有替他定婚。现在知道了他的情形，除表同情懊恼之外，还想方法来安慰他。他父亲恐生意外，于是替他找了一位在中学读过书的B女士订了婚，还算满意。可是到了校里，同级的A女士却已转到他校去了。过了三个星期，奇怪的A，忽有信来了。她这时才把真情告诉他，她说："因友人之介绍，以致一时受愚，误与C君订约。后C君劝余转学，得与C君朝夕相见。忽C君因染病而死，哀哉。望你恕我一时受愚，恢复原有之爱，余愿负荆请罪……"他看了这信，顿时现出又惊又喜的现象。脑里充着：还是父亲订约的那位B女士呢？还是恢复A女士呢？

这两个问题，先生，替我友解答吧！非常感盼！

三，十一，二十。

〔答〕承示贵友之事，查婚姻为终身大事，各人所好不同，故此事须由贵友自决，他人殊难代决。惟依根据事实及管见所及似当成全已订婚者，盖已订婚者虽由父代定，当时亦经贵友满意。至其女友初则甚相爱，后又另恋他人，及至此人已死，然后又念及贵友，其爱情似非专一而无甚可取也。未识尊意以为如何？

三，十四，二十。

是真爱情吗?

这里，我有两个不能自己解决的问题，请你给我解释一下，要是先生在忙里还抽得出暇，我很感激！

有人说：爱是伟大的，爱不一定要占有。先生！您以为这话对吗？我也承认爱是伟大的，人们可以无条件的去爱一人。如黄慧如爱上了陆根荣是一例。虽然他俩爱情的动机不十分纯洁，但这是另外一件事，至少我可以知道这是伟大的爱的力量。不过，对于爱不一定要占有这句话，我是始终疑惑，为什么要让自己的爱人叫别人去占有？先生，我想这或许是理论上的事，是不是？

再说：人是自私自利的动物！谁能甘心愿意的放弃了爱的欲望？

此外，我还要请教：是否男女之间没有友谊，只有爱和恨？那末男女双方只可交一个异性，这不是一件有些滑稽的事吗？但朋友们都武断的告诉我，我因为惊奇，特此请先生解释。

顺便报告先生一件关于爱的故事：

上学期我在沪西某大学读书，和同事陈君的感情很不差；并且知道她的爱人是郑君。本来他也在此校；后来因为某种关系离开了上海。据许多同学说：这位郑先生是一位超人的青年，并不是他的学问一定比人强，是说他能干得非常，校中各个团体他都去活动，且成绩甚佳。特别引人——尤其是女同学——注意的就是他长得美丽极了，是女性的崇拜者；所以他成校中有名的SP（他的美丽并不是中国一般人所称的美），那些出风头的女学生就去追求他，但他终久是和陈君相交了！不到半年，他们已由友谊而恋爱；并且很是热烈。可是，事实上，男的已订婚，那位未婚妻也是大学生；而男的为了爱陈君，不惜去解约。您说那是真爱情吗？

现在他专心的向陈君求婚；陈君是左右为难，来找我商量，因为我完全知道他们恋爱的故事；可惜我是外行，没有经验。因此，想劳驾先生。

还有，最紧要的是那位郑先生在三年之内订过六次婚，他那只钻戒已带过六个处女的手，这次，陈君若愿带这只钻戒，是第七者了！谁又能保得住他不给第八个她去带呢？陈君所担心的也是为此。先生，您的意见如何？

三，十九，二十。

〔答〕来函关于爱之讨论，卓见甚是，惟交友与恋爱，截然为两事；不过我国社交尚未十分公开，男女交往，往往以婚姻为对象耳。又承询贵友某女士已与某君发生恋爱，惟以某君曾已订婚解约六次，现又与某女士要求订婚，某女士因渠已订婚六次，恐此婚约亦不能获得圆满结果，是以迟迟不决，某女士能于事前如此审慎，无任敬佩，至可否允许，因各人所好不同，故须本人加以详细观察考虑，某君是否可靠，局外人殊无从代决，惟依来函所述，某君朝三暮四，对恋爱似不能专一，可见弃旧喜新，见异思迁，不免有以婚姻为儿戏之嫌疑，倘无特别原因或某女士对渠有特别信任之理由，宜格外审慎也。

三，廿二，二十。

有个难问题

我是个二十来岁的青年，在二年之前早已脱离学校生活，我现在有个难问题来了，亦是我亲尝过的滋味，特地来请教先生答复为盼。

（一）自由恋爱的结果是否是危险的吗？

（二）自由恋爱的目的是否在乎结婚？

（三）女子的虚荣心是否较诸男子为大？

（四）金钱是否能胜过爱情，还是爱情能胜过金钱？

八，七，二十。

〔答〕承询各节，兹就敝刊所知，敬答如下：（一）自由恋爱之结果危险与否难以预言，须视事实及双方本人为人如何而定，殊难凭空悬揣也。（二）自由恋爱之目的，是否在乎结婚，此事见人见智，所见固难尽同，就普通情形言之，恋爱目的当在结婚也。（三）女子虚荣心是否胜过男子，亦视各人不同。（四）金钱是否能胜过爱情，此事亦须视人而异，依理言，金钱固不应胜过爱情也。

八，十二，二十。

过意不去

我才是个十七岁的女子，对于异性的交接还是第一遭；但是我觉得男子是很奇怪的。他是我的朋友，这决不会错的，因为他也曾同我说过："你是我唯一的朋友！"我可以承认我们不能比普通的朋友，然而我们毕竟只是朋友罢了！

这天，我同我的朋友——他——一同出去散步。走到某商店，我忽想到我要买些东西。当我选定我所要买的东西的当儿，他已替我付去了代价。这时使我很过意不去，但想到朋友中的礼尚往来，也许是如此的，于是我便决意要请还他——请他看影戏——得了他的同意，便一同到影戏院去。

我俩到了影戏院，我便很迅速的开我的手皮夹。当我摸出五元的钞票时，他却已把他的钱换到了两张入座券，催着我进内去，啊！这使我更过意不去了！这本戏做的什么？我也没有知道，只是那"过意不去"四字占了我的脑中。不一会电灯亮了，影戏完了，我想不如由我请他吃些点心罢。

当我俩吃过点心，那侍役送上一只碟子，置在他面前。其中除了账单之外，还有角子和铜板，原来又是他还了钞。这真奇了！我同他只不过是朋友罢了，何以一而再，再而三的请我呢？

又看到我的同伴们：她们的男友也是如此代她们效力的。但她们是否也和我一般的存着过意不去的心，那我不得而知了，我的确知道她们很富，偏偏买东西要别人还钞。那些男子呢？他们的钱是不轻容易得来的，有的向友人借的，有的费了九牛二虎之力向家里索得来的，却很不在心的用在女子身上，那能不使我觉得男子奇怪呢？

最使我注意的，便是L女士。她的男友很多，她更毫不羞怯的向她的男友们索取，甚至她母亲用的眼药也是她的男友买的。最使我佩服的，便是她向一个初次相识的张君，要他买一付烫发的用具，而那个姓张的竟毫不敢迟延的买来送她。

别人的事我不去管他，无论如何，我总觉得奇怪、惭愧和过意不去。不晓得他如此待我，我如此的白吃白用，怎样才可以使我报答他的盛意？

育珍　十二，四，一九三〇。

〔答〕交女朋友原是一件很耗费的事情——这是就实际情形说，应该如此与否是另一问题——不但在我国有如此现象，在男女交际最以自由著称的美国尤其有这种现象，请了女朋友出来，还要备车子亲自送她到她家里去，一切由男子挖腰包，车费当然也是由他挖出来的。这种行径的心理，说得好些是表示友谊上的殷勤，说得差些可说是献媚，说得再不堪些也可说是引人上钩的钓饵。至于属于那一种，当然要看你所交的朋友是那一类人——是诚实的朋友呢？还是有真心的求爱的人？还是只不过想引诱来玩玩，并无意保护你的将来，只不过把你看作满足他的兽欲的工具，如你的朋友是属于第一类人，你不至有危险；如属于第二类人，你也不至有危险；如属于第三类人，你便有很大的危险，避免之不暇，更何有于“报答他的盛意”？年龄幼小，经验幼稚的女子对于这种地方更要留意。法律规定二十岁以下的女子须受父母的保护，即有关于终身的婚姻，在此年龄以下的女子也必须征得父母同意而后始能成立，这也无非是寓着特殊周密保护的意旨，女子自己更应该负有保护自己的责任。

未讨论过的一个问题

《生活》对于轰动一时的社会问题，常有切中肯要的评论，我们读者因为看得惯了，所以遇着这类的问题发生的时候，总是引领盼望着先生的笔下有什么卓见伟论发表出来，让我们听听，这种心理不但我一个人有，我所认识的许多亲戚朋友都有同样的感觉。但是我最近有个很大的疑问，就是闹得满国风雨（不止满城而已）的陶刘妒杀案，竟成为《生活》未讨论过的一个问题。我和我的许多朋友都觉得闹得这样凶的一个社会问题，究竟是非如何，在先生应发表意见，一新社会耳目，不应终守缄默，置之不论不议之列。难道先生以为这个案子没有讨论的价值吗？那也要让我们明白有什么理由。我闷在这个闷葫芦里好久了，屡想写一信问你，因为公私交迫，延搁至今，刚才看见《生活》上期《信箱》里有一个题目叫做《闷葫芦》又引起我写这封信的兴味，不知道你也有意把这个闷葫芦盖揭开，让我们瞧瞧里面到底卖什么药么？

思君　廿一，八，廿二。

〔答〕记者对于这个问题平日也很注意，各方对于这个问题的言论我大概也看见过，我所以久未发表管见以供社会参考，因为我对于同性恋爱问题没有什么研究，关于恋爱的原则，我在《生活》上曾屡有表示，我对于这个惨剧关于这个原则上的意见，还是老货，也许没有多说的必要，现在既蒙思君先生好像点将一般点到头上，姑再略加申述。为便于研究起见，现在请先把浙江高等法院对陶思瑾上诉判决书全文中所述的事实撮录如下：

“陶思瑾（按陶现年二十二岁，刘较小一岁）系西湖国立艺术院之女生，于民国十七年九月间，初入该院肄业，即与先一学期入院之女生刘梦莹一见如故，自十八年春迄二十年夏，二人同室连床，情好甚笃，遂发生同性恋爱，并缔盟约，为永久保持爱情计，誓不与男性结婚。有许钦文者，原系陶思瑾亡兄元庆之好友，于十九年间，在西湖石塔儿头莲花凉亭地方，建屋数椽，为保存元庆遗留艺术作品之用，与陶思瑾原素相识，曾向之求婚，以该屋为同居之所，是时陶思瑾因与刘梦莹情感方浓，且以许钦文年事已长（按许现年三十六岁），雅不愿与其缔结婚约……讵许钦文因不得思瑾之允婚，乃转而属意于梦莹，察知梦莹求进之心甚切，好名之心亦重，遂竭意趋承……以博梦莹之欢心，二十年秋间，刘梦莹因共党嫌疑，被当局注意，避居许钦文家中，阅三星期之久，至此许刘二人之关系更为密切。至陶思瑾刘梦莹虽发生同性恋爱，但二人性情既不相同（陶思瑾任情而行，刘梦莹则城府甚深），爱情亦各不专一，而又不许对方之爱情为第三者所侵夺，以故陶思瑾见刘梦莹爱彼之情为许钦文所移，不觉深怀妒恨，从而更与其女教师刘文如发生恋爱。刘梦莹见陶思瑾对彼之爱情为刘文如所夺，亦妒火中烧，责令陶思瑾速与刘文如绝交，否则必杀刘文如或陶思瑾，并宣布与彼恋爱之历史，使对生命留一污迹。迨去年寒假，思瑾回绍兴原籍，梦莹赴沪省视其姊，复寄思瑾一明信片，仍以拟将恋爱史宣布为言，思瑾对此，愤惧交加，其杀害刘梦莹之机，已伏于此。迨沪战发生，刘梦莹于本年二月三日夜间来杭，居住于许钦文家，同日许钦文寄陶思瑾一信，谓艺专开学无期，阻其来杭。陶思瑾因曾接刘文如之函（函内言及将回四川原籍），即于同月六日匆匆来杭。并携带贮有刘文如食物之网篮一只，抵杭后先至许钦文家，见刘梦莹在此，遂携网篮赴校住宿，八日午后欲回绍兴，仍过许钦文家，因刘梦莹挽留，遂不果行，同时陶思瑾坚邀刘梦莹同往绍兴游玩，爰同寓许钦文家，暗将许家装有铜插之电线，藏大衣内，以备乘机杀害刘梦莹之用，十一日上午陶思瑾原拟乘许钦文送郭德辉至江干化仙桥代课之便，同往江干，单独回绍，迨中餐毕，忽辞去车夫，仍留不去，下午二时，许钦文与郭德辉乘车赴江干，室内仅留刘梦莹与陶思瑾及女佣陈竹姑三人。刘梦莹因命陈竹姑烧汤洗浴，迨汤烧好，陶思瑾即命陈竹姑出外购买雪花膏，当将前后门一一上闩，并至厨房取厨刀一柄，乘刘梦莹浴毕出浴室时，砍伤其左臂。刘梦莹夺刀未成，随即逃避，顺取小杉木一枝，以资抵抗。嗣被思瑾绕图画室追逐，砍伤两肩及两膀等处，仍竭力逃避，陶思瑾脱下大衣，继续追逐。刘梦莹逃至大门，正拟拔关而出，乃思瑾已追踪而至，复从脑后猛砍一刀，梦莹即仰后倒地，思瑾又横砍梦莹颔颊、咽喉、右颈等处，并切断食气管，以致登时身死。陶思瑾亦筋疲力尽，昏晕倒地。未几，寄寓许宅之裘本元，及女佣陈竹姑，先后回来，呼门不开。旋许钦文偕其八妹许羡冶同回，询悉情由，深觉诧异，先用匙开门，仍不能开，即沿河缘墙脚绕至后门，猛力撞开，始得入内，突见刘梦莹已浴血死于门前草地上，陶思瑾亦昏厥倒地，许钦文即拔开大门，放其女佣等入内，将思瑾先扶至卧室，一面报告岗警，转报二区六分署，由署将许钦文、陶思瑾等监视……”陶先由杭县地方法院判决无期徒刑，上诉后经浙江高等法院判陶预杀人，处死刑。（许钦文意图奸淫和诱惑未满二十岁之女子脱离享有亲权之人，处有期徒刑二年。）

我们看到上面所述的事实，最觉得惨然的是陶用刀砍伤刘的时候，刘拚命逃避，而陶则追踪杀害的情形。刘脑后被猛砍而仰后倒地，陶又横砍她的颔颊、咽喉、右颈等处，并切断食气管。这种惨状，实在令人不忍回想！对爱人而忍下这样惨酷无比的毒手，“爱”字作何解释，像我这样的“俗物”，实在不懂。《时事新报》的记者天庐先生为着此事在该报上出了一个专号，主张“情杀减刑论”，他说“陶杀人的动机是为爱情而起，就这一点纯情的动机而论，就是预谋杀人而且残忍，也应该减罪判决”，他要想借此“卸去你们冷酷无情法律的眼镜”，“创造个爱情的新社会来”。死刑之免除，原有多国实行，这是另一个问题。我觉得爱人只应该爱，不应该杀，因爱她而要杀她，这种爱何用我们提倡？下毒手惨杀仇人，固是“冷酷无情”，下毒手惨杀爱人，便不算“冷酷无情”而算得仁爱多情吗？我也觉得不懂。

诚然，陶因疑刘之不再爱她而生妒，由妒而生恨，由恨之深而下此惨酷的毒手。讲到这点，我又要把所谓“双恋”的原则提出来。若仅有一方的单恋，绝对不应对对方有压迫的行为。陶刘原来两方发生恋爱，后来陶疑刘之移爱，即认为是不正确的，可见仅剩陶一方的单恋，对刘不应有压迫的行为，今不但压迫，竟加以惨杀！提倡惨杀爱人和“创造个爱情的新社会”有什么相干呢？

潘光旦先生对于这个案子曾做过好几篇文章。他是从变态心理学的观点上研究，他根据陶的律师在书面声述里说：“陶思瑾已自白杀人，惟云：当时见刘梦莹持刀向杀，可怕已极，如不加害，即为所害。”认为陶之杀刘，是由于“带着幻觉的被迫害的幻感”，以无为有。这就是说陶拿刀在手上预备杀刘，是由于觉得刘持刀向她杀（虽则刘在实际并没有这回事）。这却要由精神病学专家来鉴定一下，不然，拿刀杀人的人都可以推说先看见别人拿刀杀他了。

女性化的怕羞性

贵刊已被认为定期刊物中的King，受尽人的赞美，受尽人的欢迎，我也不必再多来恭维了。现在我有个自己委实不能解决的问题，求先生指教。

我是个二十岁的青年，去年暑期由某高等商业专门学校毕了业，就考入本埠某大轮船公司服务。在理，不消说，二十岁左右的青年，求侣——异性的伴侣——的观念，当然特别的热烈，可是我年纪虽然二十，但我小的时候女性化的“怕羞性”依然存在，见了不认识的人——尤其是女人——总不大说话；即使有时勉强能说得几句，总是吱吱地说得不流利；倘再多说几句，说话的勇气就会自然地慢慢地消失，同时“怕羞性”就袭进心房，使我的心无能为力去调剂说话的勇气和“怕羞性”的消长！

有人说：“怕羞是由于神经衰弱的原故。据说先天不足的人往往较普通的人怕羞些……怕羞也是一种病症，人为力（譬如医药的疗治）是难于见效的……”这种评论，虽然也有见地，但我自信身体强健，田径赛运动，球类运动，样样都会弄，并且都很喜欢，至于卫生方面，又很注意，然而依旧这样地怕羞，到底什么原故？

国为怕羞，所以我对女友的交际上就受重大打击。我心上诚然要多交几个女友，可是待我有接近女友的时候，我的“怕羞性”就会起来阻碍我和她讲话的情绪，这使我的女友感觉着不乐，以为我不愿和她多讲话了，其实她那会晓得这不是我“不愿”和她多讲话，实在是我“不会”和她多讲话啊！

总之，我现在有交女友的心，苦没有交女友的勇气，求先生指示我个安全的方法，要在交女友的过程中，没有怕羞的阻碍，也要没有怕羞的发现。

车景和

〔答〕编者按：我们因车君所见询的这件事是心理学上一个很有趣的问题，所以特为请求心理学专家张耀翔先生代答，承张先生于百忙中很诚恳的很详尽的给我们下面的答复，我们非常感谢他。下面都是张先生答复的话：

“怕羞性”人人都有一时期有，不过各人程度不同，久暂不同。你今年才二十岁，没有脱离这个时期，还不算迟。世上有人活到三四十岁以上还脱离不了，并且对于一切人都是如此，那才可虑。

你不过是专对女子，专对年龄相若，与你有结婚可能的女子，才发作。你虽说遇见了不认识的人（包含男子）也是如此，但你既能在高等专门学校毕业，各种运动都会，现在又在某大轮船公司服务，足见你平时遇见不认识的男子很多，并没有多大困难，所以我说你的问题是专对女子。

如果你对于年老或已婚女子及小女孩，也犯这种毛病。你必定更注意这件事，信上必定会提到；现在既未提列，足见你的问题还不是对一切女子，乃是对与你有结婚可能的女子。这诚然算不了病症，用不着找医生。

怕羞是怎样起的呢？多半起于自卑情绪。小孩见了大人，徒弟见了师傅，属员见了上司，乡下老见了城里人，最容易发现。有是起于自卑情绪与自尊情绪的交战，一般人对于生客为何会面红耳赤呢？因为这人的来路不明，我不敢居自尊或平等地位，同时又不愿居自卑地位，一时方寸乱了，不知不觉的便流露于外。你对于青年女子说不出话来，大概是因为你觉得她们太神圣了，自己太平凡了，好像小说里的贾宝玉把女子比清水，把自己比浊泥一样。或者你同时又有一点觉得：像这样菲薄自己，是令女子看不起的，所以说话要非常小心，不要有一句一字遗笑大方，还是少说或不说的好。如果你的毛病在此，那末，以后会见女子的时候，要存一个“她固很好，我也不坏”的念头，（按凡不能作此想者，纵成眷属，终必怨偶，车君可作此想，因为他有曾受高等教育，身体康健，经济能独立，三事足以自豪。）打破你的自卑心，自然畅所欲言，好像对于你的一位小妹妹一样。

女子是不愿意与不如她的男子共生活的呵，几乎是你愈在她面前自尊（却不要妄自尊大，不过时常把你的特长叫她知道罢了），她愈觉得你可爱。不会讲话不要紧，而暴露你不如她的感想，那可危险了。

如何能加增一人的自尊心，即你所说的勇气呢？最妙的莫过于多与女子往来。这倒不必是与许多女子往来，乃是与已经注意的一位女子时常往来，由生疏而熟习，谈话自然如意了。你的论调好像是：我不会讲话，所以我的女友很少。你要知道也是因为你少与女子往来，所以你不会在她们面前讲话，两件事是互相因果的。所以多找机会与女子见面，那怕头几次很觉不安，确是一种根本办法。为人子者的地位不也是很卑微的么？何以在父母前谈话就那般自由？无他，习惯了。熟习可以打破一切不平等的念头。

在女子面前说不出话来，也许是性激动太强烈了。情绪——尤指爱情——本来是内部机体或器官的骚扰。这个骚扰可以使人食不下咽，寐不安眠；也可以使人说话的机能暂时丧失。看你求异性伴侣的念头那般热烈，可知你在她们面前的惊喜到了甚么程度了。如果你的毛病在此，你的问题便是：情绪与意志之战。要使你的性激动不妨害你要讲话的意志。惟有练习之一法。循序的练习可以坚强意志，克服畏惧。你若觉得练习二字太空泛，下面便是我的具体方案：

你看完这篇答复以后，赶快去碰你那一位女友，事前拿定“无论如何我这次要在她面前说两句话”的主义。第一句是称呼她一声“蜜斯某”，在一见面的时候说；第二句是“再会”，在临去或走开了几步的时候说。你在事前并可先想象你面前有一位女子，把这五个字大声念几遍，好像预备演说一样，我想你纵然怕羞、胆小，也决不至连这五个字也说不出。这是第一课。

第二次见面的时候，除了说上面的两句话以外，一定再要加上“今天的天气很好”“你吃过饭么？”两句。倘若你嫌这课太长，分做两次练习亦可。（编者戏注：这当然是张先生举几句例的意思，也许是张先生写这篇东西的时候，正在“吃过饭”未久之后，所以想到“你吃过饭么？”倘若车君在上午九十点钟的时候，什么人的饭都未曾吃过，或下午三四点钟的时候，什么人的饭都老早吃过了，他再用起劲儿问“你吃过饭么？”恐怕车君有被对方认为“阿木林”的危险！）

第三次见面的时候，除了重复说上面的四句以外，还要加上四句，例如“你近来作何消遣呢？”“我不久要到杭州去了，你喜欢龙井茶叶或西湖藕粉么？”之类。读者不要笑我这个方案，一切不会讲话人，都是因为事前没有充分的预备，临时讲演不是个个人能的。

以后每次所说的话，都是比上次多些，如此练习十回以后，恐怕将来只听见你滔滔不绝，不闻她的娇声，反把她弄得害起羞来了，那时“我爱你”“你愿意和我结婚么？”一类的话，也可以乘机加入。谨祝你的成绩。

附注：万一这一切方法都失败了，最后你还有通信交际的办法。信里无妨将你的困难向她讲明白，说“这正是我觉得你神圣不可侵犯，对你一往情深的地方，请你特别谅解”。最后我还要为你担保，你这“怕羞性”，一年一年自然会减少的，上面提出办法是怕你迫不及待，所以你用不着为这事过于担忧。

求 爱

我为了一个问题得不到适当的解决，所以几天来弄成了失眠症，和朋友们讨论，也得不到善策，现在只好写在下面恳求先生代我解决。在未提出此事以前，先来介绍一下我自己吧：我是一个中学毕业生，现在本埠某机关里当一个小小的办事员，年龄廿二岁。问题是一个男子向我求爱。讲起和这位男子的认识，还在一年前，起初因为我的左足患了冻疮，不良于行，每天到局办事，总要迟到，吃了公家的饭，未能为公家尽职，在自己实在深抱不安，因此竭力求医，冀其速愈，但跑遍上海的医院，东诊西治，多时未愈，后由同事的介绍，赴公立上海医院求治，该院即派某医生诊察，那位医生对我的病万分细心，好像马上要医好的样子，连看五次以后，他就拿出几部书来，说是他的医学著作。当时我也无所用心，就接了下来，约有二星期后，他就表示爱我，并且托他的同事（是我的同乡）用十二分诚意宣布他的意思，一方面也有劝说我的意思。当时我自思不能爱他，所以就此不去医治，他自己来寓替我疗治，每天风雨无阻，连夜饭也牺牲，因回院晚餐已开过，溃烂得不堪收拾的冻疮竟也给他治好了。此时我的感激他可算超过其他一切有惠于我之人，可是我单只感激，并无丝毫爱意。后来我寓所他迁，未曾通知他，他又转辗打听我的住所，来书要求我做一个朋友，我想当此社交公开的时代，做朋友也不必限于性别，只须友情与爱情分得清楚，有什么要紧，所以我也不十分拒绝，不过回答他无论如何不能作终身伴侣的。那时我很冷淡的处置，像这样以朋友的名义，相交约有一年，其中感情甚为淡漠，因为他给我医治好疾病，要是同他绝交，于情感十二分矛盾，而且情理上亦所不许，因此一直以一个朋友相待。他仍是无时不是热烈地爱着我，不过那时我的理智很强，我那时是如此想的：他是一个公立医院的医生，做医生的人应该给人看好疾病的，这是他的职业应该如此，至于医生的忠心看病与否，那是他的私德，至于受惠的病人也只须与以相当的酬报与感激，而绝不能以爱作酬报，拿来当看病的代价，盖恩是恩，爱是爱，两者绝不可混淆也。

因此我对于他的爱情始终不敢接受，又因欲酬其劳，就买了一只手表送他作为诊仪，此后我母亲的病症也请他医治好久，所以很多接触，他倒随机一步紧迫一步，最近甚至在各处宣布于元旦后将与我订婚，我给他缠绕得实在没有法子，故缮告始末，祈先生为我解决。

我是不满意他的——他的年龄太大，三十岁了，身体衰弱，环境不同，而思想各异，很多讲不投机的地方，我对他毫无情感，他所使我佩服之处，在性情温和，用情真挚，医术高明。

我现在发愁的，就是他用自杀方法相要挟，怕社会骂我忘情负义，怕社会评我“既不要他何必勉强和他做个朋友”等许多话！

陈蕴玉

〔答〕陈女士思想明晰，观念正确，主张稳妥，我读完这封信后，非常佩服，原信中凡遇重要之处，记者均加上了密圈，俾能引起特别注意。女士所说的都是我所表示赞同的，我现在所要奉告女士的最重要的一点，便是要有坚强的意志与毅力来把自己的主张坚持到底，千万不可半途软化，以致一失足成千古恨，自招一生无穷的苦楚。为女士终身前途幸福计，这一点是最最重要的，所以我劈头就把它提出来，请女士加以特殊的注意，以下所说的几层都是根据这一点做出发点，就是把这一点做中心。

第一层我要说的是以后教育更普及，女子受教育的愈多，职业愈公开，女子在社会服务的也愈多，男女社交公开乃成为自然的趋势，在此趋势之中我们要竭力提倡男女朋友应绝对尊重彼此的人格与意志。男女社交公开并非专为“求爱”而有，但因男女社交之公开，“求爱”乃能多得机会，这也是一种自然的趋势，换句话说，未曾结婚者有因此得到相当对手而由发生恋爱以至有情人得成眷属的机会。在这个“求爱”的趋势中，我们也要竭力提倡男女两方应绝对尊重彼此的人格与意志。再说得明白些，婚姻要基于双恋，就是他爱她，她也爱他；倘若只凭单恋就用不正当手段来压迫不愿意的一方，这是最卑鄙的行为，社会应加以唾弃，亲友应加以鄙贱，舆论应加以攻击，使这种用压迫手段以摧残他人人格与意志的人无以自存于社会，由此养成男女都知绝对尊重彼此人格与意志的良好风气。今“某医生”对陈女士虽“热烈地爱着”，而陈女士对他却始终“不能爱”，这显然是“单恋”而非“双恋”，女士之“始终不敢接受”，她的态度是完全对的，因为圆满的婚姻须基于“双恋”，勉强的由“单恋”压迫而成的婚姻，是绝对得不到好结果的。

第二层，选择婚姻有种种重要的条件，而良心好，身体好，当然也是重要条件中所不可少的重要条件。我们只要看到某医生明明知道陈女士不愿意，却先在各处宣布于元旦后将与她订婚，这种造谣欺诈阴险卑鄙龌龊的手段，其心术之可诛实等于强奸，其良心可谓一团漆黑，就这种欺伪的品性言，女子如果上他的当，前途万分可危！我要奉劝女士千万不要怕他，这种造谣与女士可谓毫无损伤，因为事实究竟是事实，终有水落石出的时候，况且他可以各处造谣，女士不可以随处声明吗？讲到身体的健康方面，女士明明说他“身体衰弱”，这也是一个很重要的条件，万勿迁就。此外女士还说“很多讲不投机的地方”，这也是很重大的毛病，不可不注意。（女士以三十岁的年龄太大，我却以为不重要，因为男子三十岁的年龄正是学识经验事业最有头绪的时期，并不算大，不过有了上述的大毛病，年龄大小也就说不到了。）

第三层，他用“自杀”的话来恐吓女士，女士千万不可被他吓到。嘴里喊着要死的人，大概是最怕死的人；就是他真死了，也是他自己不明白事理而死，是他自己该死，女士于法于理，都可以完全不负丝毫的责任，凡是明白事理的人决不至“骂”女士，至于不明白事理者说的话，可以完全置之不理。倘以终身大事为“该死”的人之恐吓而牺牲，这是自己“该死”，自取其咎，女士不可不拿定主意，坚持到底。女士信里所说的态度和主张都不错，已是“善策”，现在所急需的是加上“决心”和“毅力”。

很惭愧

我真是一个天下最不幸的女子！我读贵刊《读者信箱》的几个自称为不幸的女子的不幸事，我每次觉得她们真是比我幸了数十倍啊！唉！天下有可怜的女子，但没有像我这样的可怜！

我是一个将近二十岁的女子，而对于男女中间的爱，我自信是已经懂得了。在今年的春天，我由朋友的介绍认识一个男子。当我第一次看见他的时候，我的血脉跳动得很快，而脑筋同时告诉我他是世界上最漂亮的男子，他除了很好看以外，还有一对迷人的眼睛及令人百看不舍的一个嘴，他的眼睛和嘴非常的活动，而我的神魂也随着他眼睛的活动而飞去。现在我对于他可爱之点不必多说了，不过我也不必骗先生，我在第一次见到他时，已把我的爱全部施在他的身上了。但是，很不幸的：他是一个才十七八岁的小孩子，而他时常显出天真烂漫的样子，我虽然相信女子比男子多一两岁也是可以结婚的，但是我每次对他表示意思时，他总是装作不懂的样儿。我写信给他，他虽是回，但是说着很平常的话。一直到了现在，他还是这样的，而我所受的苦也可算够了，十七八岁的男子是会懂得这种事情的吗？我曾听人说，有一种人是没有男性，也没有女性的，他可会这样吗？我还要请先生告诉我为甚么他有这种迷我的大力量呢？先生，我以为这是一件很惭愧的事情，所以不能把真姓名告诉你。

洪明珠　十，十四。

〔答〕洪女士觉得她所提出的是“一件很愧惭的事情”，其实选择终身伴侣是一件很光明正大的事情，用不着什么惭愧。她又觉得自己那么可怜，其实在选择的时代正是最有希望的时代，何必那样悲观？现就愚意所及，答复如下，以备参考：

（一）女士问“为什么他有这种迷我的大力量呢？”其实她自己已替自己答复了，就是她所说的“脑筋同时告诉我他是世界上最漂亮的男子”。审美观念是人类所同具的，女士因此而“血脉跳动得很快”，并不能算是“一件很惭愧的事情”，不过选择终身伴侣的条件，除了貌之外，还要注意对方的品性、志趣、学识、健康及经济自立之能力，等等，老前辈对于子女的“终身大事”往往觉得“貌”是毫无关系的，我觉得一个人常常对着一个自己不愿意看的面孔及体态，也是一件很苦痛的事情，不过我们却要知道“貌”不过是几个条件里面的一个，不可一时为“貌”所迷而忽视其他重要的条件。

（二）女士称“十七八岁”为“小孩子”，其实可以算“大孩子”了，对于这种事情应该“会懂”的，应该“会懂”而犹“装作不懂的样儿”，也许是“落花有意，流水无情”，婚姻应基于双恋，如他并不恋女士，女士似不必急急的要勉强他，尽可宽以时日，继续的和他做朋友，看他的态度怎样。由单恋而慢慢的做到双恋则可，对方并不恋而勉强从速凑合，就是合成，也恐怕难得好结果。

（三）女士疑他是“没有男性，也没有女性的”，换句话说，就是半男半女，这是也许可有的事情。倘若他真是因此“知难而退”，正见他有“自知之明”，女士更不必懊恼了。

辑四　婚姻与家庭

暗无天日

先生！人生不幸为中国的女子，而尤其是没有知识的女子，她的终身大事——婚姻——权操旁人，而自己反无置喙的余地，不平没有更甚于此的了。

先生！现在有一件代结婚的趣闻，报告给你听：浦东其昌栈某姓（姓名恕不露布），生有三子，他次子某，小时聘同乡某姓（姓名恕不露布）之女为妻，现当男长女大，应举嘉礼，某姓即定于阴历十二月初六日为子完婚，而新娘为小家碧玉，风致楚楚，向在某烟厂做工，是个可爱的女郎。新郎则摇船为业，因所交匪人，遂入下流，近为某绑票案，逃匿无踪。吉时既届，新郎未返，乾宅竟异想天开，择亲戚中之妙龄女郎，假扮新郎，代行婚礼，当那一对同性新人，合卺交拜时，观客拥挤，争称奇事，笑声和拍手声同时并发，礼堂秩序为之大乱。事后，新娘始知所适非偶，和她结婚的又是代理的女丈夫，于是泪流双腮，痛不欲生，大呼媒人害我！媒人害我！我虽不嫁，也能自活，现在嫁这匪人，我的终身幸福，便断送尽了！咳！这样的怪事发生后，可是社会上人们，都袖手旁观，任凭弱者的呼号。素仰贵刊口诛笔伐，不怕权势，可有善法，援救这暗无天日的女子么?

十八,一,廿九。

〔答〕贵地出此奇闻婚事，同深愤慨。对方既为盗匪，如女子之家属无人代为不平援救，可由本人向党部妇女协会申说求援，或可有所补救也。

十八,一,卅。

不该那样亲蜜

我与汪××女士由恋爱而进为夫妇，已一年多光阴了，结婚以后，彼此万分认为满意，从没生疑和决裂，她常对我说：“钧哥！吾爱！世界上的男子，惟你为最好了！”我也信仰她说：“尽全球的女子，只有你比任何可爱哟！”因此无论何时何地，都不离了爱。但旧式的家庭里，却大不以为然，时常责斥我俩不该那样亲蜜，这种桎梏，委实难受！但我俩的亲爱，是否值得责斥？

十八，二，二十五。

〔答〕夫妇间之情谊自应笃厚。足下家庭旧式，至受责斥，或系新旧思想不同所致，如以所处环境有困难，而自己一时又无力另辟小家庭者，则当众人聚集之所，于形式方面略加注意，亦未尝不可也。

十八，三，一九。

实在不好意思出之于口

我有一件事想请教请教，但是旧礼教于我十三岁上开始束缚到现在，足足过了三十九年了，则我的年华，不问而知已为五十有二，实在不好意思出之于口，而我的内侄看见我过那镇日忧郁的生活，介绍我阅看贵刊，消消愁而遣遣闷，已有半年之久了，因鉴于先生代人解决困难问题无不入情入理，钦佩得很，则我的难言之隐，也就老老实实，不得不请教先生代为解答了。

我是世代书香的一个弱女子，从五岁起识字读书到十二岁，就算毕了业，脱离书斋的生活了。到十九岁上，曾由父母之命，媒妁之言，嫁与同邑门第相当的某五公子。结褵之后，初尚情好颇笃，两年之后也就渐渐平淡厌故起来了，且常以孟老先生的无违夫子一语，为制服我的工具。自由平等之幸福，梦中也未想到。三十年来，儿女成群，陆陆续续婚嫁将毕。世俗所艳称的好福气者，我也是其中的一个。惜乎他的待我始终无一些情愫作用，且无往不含有压迫的意味。我本受过旧礼教的洗礼，并不觉得怎样苦恼，不过他在儿女媳妇面前，从不假我一点词色，甚且对我有过不去的地方，实在是难受得很。

他是时发兽性的一人，家中所蓄的婢女，无一不遭其蹂躏，即女仆及乳妈之略具姿色者，亦无不上他的当。近数年来，又与一位寡居的表妹发生了关系，事机不密，戚友之中几无不知，我为爱惜他的名誉计，苦口相劝，不料他执迷不悟，起了误会，疑我是酸素作用，因之恨我切齿，更不时虐待起来了。

近来他更嫌我容颜日老，面目可憎，逼我与他离婚，因为他的表妹下了一道哀的美敦书，要末正式结婚，否则断绝往来，我才变为他们的眼中钉了。如不走离婚一条路，他总不肯让我过安稳的日子。我与他既无恩情，又难偕老，以我半百年华，与他离起婚来，是否与风化攸关，这是要请先生解答者一。

他有一位表弟某君，品性纯良，行为端洁，亲戚中多钦敬其人，现已断弦两年了。家中有一子二女，需人带领，亲朋代其作伐，某君提出要与我相仿的人物为当选，则某君表同情于我也，不言可知了。设或我与他离婚之后，某君以极诚恳之意来对我求婚，是否可以接受？这是要请先生解答者二。

先生，我并不是要嫁人的，更不是要一定嫁某君的，因为我是半老徐娘，受了丈夫逼迫而离婚，处于现在这种刻毒的社会，定为人群所不齿，则我后半世的生活更为惨苦愁闷，不言可喻。为了这两层情事，心中委实决断不下。倘某君属意于我，情愿结为偕老的伴侣，可乎不可？再我因种种关系，现在不能用真姓名奉告，如蒙在贵刊上发表指教，那就感激不尽了。

余同瑛　十八,八,八。

〔答〕这封信信封上的字迹像女子的手笔，而信内的字迹却不像女子的手笔，也许是余女士怕自己文不达意，托那位“内侄”代写的。照余女士所提出“委实决断不下”的各得其所的办法，如可进行无疑而稳可达到目的，未尝不可实行起来。不过事前有几点却须加以注意：（一）吾人做事，须能行吾心之所安，才能免除精神上的苦痛；女士这件事的本身没有什么不合理的地方，但在社会上，尤其是在中国的社会上，必引起好奇心，必引起注意，必引起纷纷的议论，以被“旧礼教”“束缚”“足足过了三十九年了”的女士，是否在心理上能有充分的自立能力，不至被俗见所刺激而感觉不安？（二）假定女士自己能不顾一切而但求自己心之所安，“表弟某君”能否有同样的心理与勇气？倘若这两问的答案是“否”字，或一“是”一“否”，则“半世的生活”仍不免“惨苦愁闷”。（三）“相仿的人物”和“真正本人”不可作为一样解，也许“表弟某君”心目中要娶和余女士“相仿的”老处女，而不愿娶离婚后的余女士本人，那末一方面和原有的丈夫离了婚，一方面“表弟某君”却不要，弄到上海人所谓“两头勿着扛”，则不能自立的“后半生的生活”更不得了，所以非“表弟某君”预先明确表示真肯死心塌地的要，不可贸贸然的作茧自缚。

替姊姊平一口冤气

我的姊姊今年三十二岁了，于十九岁时，嫁到×姓去。那知丈夫的性情很是暴燥、凶横，一言未合，即拳足交加，和一个横暴的主人鞭挞他豢养着的奴隶一般！至于打的原因，是说不出的，事后他也承认，这是他的皮气！然而，不想到因他的这样好的皮气，直接受到嘉惠的人，痛苦要到怎样地步？

并且，不许我的姊姊出家门一步，即如回宁，也是不许。前年我父亲死，尚且不许她回来！其他可以想见。

更不晓得他和我姊姊结下了什么冤仇，见面时总得直着喉咙毒骂几句；或呸的吐出一口唾涎，表示他的厌恶。直到如今，他尚不能说出厌恶的原因。

他家很富有，生活费用，不须他负担，他也不出去做点事情，只是躲在家里吵闹！家中的一切主权都在他手里，都由他支配，姊姊是一点没有主意的。要是“擅作主张”，便得“饱听骂声”，所以姊姊除了“饭来开口”，余外是一天到晚预备做他泄愤的对象！

在这样的状态下，整整的过了十二个年头。姊姊在精神上，在肉体上，所得的痛苦，要到怎样程度？还待认吗？真的，真唯有“以泪洗面”啊！在前年虽也有一度离婚的协议，徐姓的亲族出来劝阻，力保以后无事。他也说：“当痛改前非，不愿离婚。”因此一来，离婚的协议只不过是个泡影，竟造成今日更不可收拾更惨酷的境地！他虽说当痛改前非，其实何尝改去一丝一毫！反随着时日的增进而加添他的暴态！

在前几天，我的姊姊终究是自杀了！当这消息传入我的耳管而证明是事实时，我真不知怎样才好！我不过是个十八岁的孩子，能干点什么？母亲更是痛女情切，惟有哀泣！好容易赶到××去责问死因。他们只是说：“现在是很好了，不打她，也不骂她，不知她竟会自杀！”一个人好好地活着不好，谁肯自杀？自然，我想一定是在一场臭骂一顿毒打之后，气愤不过，一时没有主意地懦怯的自杀了，只可恨我没有亲眼目睹，也无从查察，他们都守口如瓶。先生！我把这一件事来告诉你，想你不以为讨厌吧！先生！我现在正像是一只走迷了途的可怜的小羔羊，真不知怎样办才好？要是便这么平安过去，把尸首纳入棺中，万事就了，岂不是把这件事太看得轻淡，不但有负我的姊姊，便自己问自己的良心，也有点对不住，和爱慈悦的姊姊，活生生的因不堪暴戾丈夫的虐待而牺牲了生命！这样暴戾的丈夫，可以不与他以相当的惩罚吗？先生！你很肯替别人想法子，你看这件事应该怎样办？只要可以替姊姊平一口冤气，无论用何种手段都好。先生！你肯不吝赐教么？倘蒙指示，务恳速复。

十八，八，十四。

〔答〕承示令姊受虐待以致自杀，同深愤慨。处此苦境，早应离婚，事已至此，惨痛曷极。至于欲申冤，惟有于亲友前表示本人自杀之原因为其丈夫虐待所致，使一般亲友均知其事，于渠名誉不无损失。惟此事于法律似不能操胜算，以事已无凭，即死亦为本身自杀，与由丈夫毒杀者不同也。

十八，八，十六。

欲根本脱离关系

余身世堪悲，境遇尤劣，襁褓中失恃已惨，不意竟为目下苦痛之症结。当时家境尚佳，未及一年，家父续娶。继母入门，待余犹善。旋后家父更以进款稍丰，思想亦异，瞒继母等又在外重婚，置妻与子于一旁。

继母等几番吵闹，终乏效果。乃以后来者（无法称呼之称呼）亦系正式门楣之女子，待之以妾，断不应允，设为正而名之，在理论上所不容，事实上更所不许。该时余年太幼，无能为力，惟劝慰继母等，对此既不肯经官解决，吵闹徒损情感，反不若忍痛暂时为妙。

乐尽苦来，理之循环。家父因为二处之开销太重，人口增多（后来者又生二子一女，嗣后一子病故，刻有一子，年十七，一女年二十，未字在家），收入不敷支出，加以幸运舛蹇，投机失败，困顿所致，累余辍学。

结果：幸在北平，寻获枝栖。虽月薪仅四十余元，除余自给外，对家中尚能按月补助若干。不幸受旧礼教浸渍之长辈，见余服务三年，何能称职，竟至于实行逼余履行未得同意在童年时由媒妁虚言父母强命定议之婚约，与一素不相识之女子成婚。

拒绝无效，只得委曲成事。旋以职务羁绊，未克久旷，匆匆返职，新人性格尚和平，惟智识极贫乏可叹。婚后未及半稔，婆媳间发生龃龉，几演惨祸（内子服毒），查究出事之因，完全以新旧意见冲突所致。

旋为免除烦恼起见，忍痛将新人接走，在平过惨淡生活计五稔。生活虽窘，对家中用度，仍未停绝。讵料前岁平局遽变，余亦被累之一（事被裁）。一家四口，一朝断绝收入，自无以继。结束南归，拟安置女眷后，另行寻业。岂知人情炎凉，无分骨肉，归家进门，备受冷讥，并几乎长幼间决绝。细忖原因，盖以十年来之蓄怨无方发泄，全推及于小辈身上，如是我竟成为出气洞也。忍气而北来求事，幸未失机，尚幸。最初和家中通信颇和善，不数月而渐多事，至今竟更与我为难，宛若在地狱中讨生活。在精神上，实际上，痛苦程度，几不容片刻苟存。余除趋走绝境以外，诚无挽回之望也。

先生深知旧家庭内容，察之以上情形，或能指我光明之途，俾不以一身骨肉，为环境而牺牲。然依余主张，直须与家庭根本脱离关系。“应有责任不问，应得利益不要”（家有房地一些）。不知欲达解除痛苦之方式，应如何办理为妥?

十九，一，二九。

〔答〕姑媳不睦，至常吵闹，此在旧家庭中，往往有之。足下能将尊夫人迁出，与之同住，已属幸事。况足下仍能将收入提出若干寄家，更属仁至义尽。前因失业归家，至受冷讥，幸后即有事出外，而家仍与足下为难，天下无情理者孰过于是。吾人处世，只须吾尽吾责，问心无愧，至他人之冷讥等事，尽可置诸不问。家中之津贴，能津贴至如何地步，即至如何地步。既尽吾心，倘再来咆哮时，只得装聋做哑，不作理会可也。

十九，二，五。

姊夫对我发生了爱

我有一个姊夫，也就是我的表兄。当在民国十一年他和我姊姊结婚的时候，我正是个不识不知天真烂漫的小姑娘。因为时代的关系是支配在“父母之命，媒妁之言”而结合的，于是在结婚的几天中，一对新婚夫妇竟常发生冲突，感情的不融洽，就从此不曾产生婚后的爱情。

我那时已经勉强的由初小而高小毕了业，因为家境穷困无法筹措学费，所以就暂时辍学，在家里翻读杂志小说以自修，有些杂志都是我这位姊夫从上海寄给我的。

我姊夫是进了大学的（现在早卒业了），姊姊受了从前教育不普及女子的制度，也只能认识几个浅近的字。

姊姊一向非常的爱我，年暑假总邀我到她们那边去住（大家庭），姊夫也同样的爱我是一个天真聪敏的小姑娘。

他俩在婚后的两年，生了个小女孩。然而夫妇的爱情程度是十分冷淡的。

日复一日，年复一年，他俩的爱情，仍然无法创造。我尽了我的力量，去慰劝他们，姊姊总对我说：“妹妹！我们很感谢你的苦心，三番的来劝我们，不过我们总发生不出爱来……”然而姊夫他总是非常听我的话，就勉强的再想和姊姊要好。实在半是在大家庭下的关系，难免会有些阻隔。

于是我就劝姊夫将姊姊带到上海或南京度小家庭生活，彼此陶养性情，或能产生爱情。姊夫也就听了我的话照事实行，无如总是没有办法。他俩除没爱情外，还是和姊弟一样的和好的。

在长期的经过中，姊夫居然对我发生了爱。他总说：“你若爱我慰我，我将亦爱好你姊姊了。”在这样的情形之下，我因为着姊姊的关系，于是就因之对他表示了爱。他俩的情感不合，我总不住的在旁解劝。或者是劝我姊姊的脾气改得温柔，减少些固执。实在因性情差异太远，他俩虽然肯彼此谅解，然而这样始终总不会有夫妇的爱好。

姊夫因为可惜我的停读，于是辍学后的第二年，他就援助我读书，现在总算高中快可以毕业了。这些，都是我十分感谢他的，同时也真诚的感谢姊姊，她也一样的来援助我。

奇怪的就是姊姊总常劝我“要爱你的姊夫，那才使我心里高兴”。我那时只知爱是为姊姊而爱姊夫的，将来也决不愿夺姊姊之爱，只希望因此能够劝他俩生爱。

在几年之中，我和姊夫的恋情，也无形的增加了热度，姊姊十分高兴，还希望我日后能作姊夫终身的伴侣，这是真实的话。

后来因为姊夫太爱我的原故，表面上总有些特异的待遇，往往被我家里人见了，就大大责骂；并说姊姊之所以和姊夫不睦，完全是我从中破坏。在那些时候，我只是哭，姊姊总百言相劝。在前年吧！姊夫和姊姊商酌了后，就实行了一种办法：“现在表面姑且离异，日后和妹妹结婚后，再度三人一体的生活。”那时我真极端反对这种计划，并且还是劝他俩能够爱好，然而他俩决然的实行了这回事。

姊夫的家产很富，因为兄妹过多，所以仅分派了五千块钱给姊夫们。姊夫在宣告离异的法庭中，就将这全有的家产给了姊姊，表示供给她的生活费，并且一个活泼的五龄的小女孩，也给姊姊带来。

在这离异后，我和姊夫，仍是照常的听姊姊的话安慰他，姊夫对姊姊也一样的如从前。事后我还是苦口婆心的劝姊夫，要他爱好姊姊，姊夫总是因爱我而爱姊姊。其实老实说，在过去的四五年，我是无日无时不困顿在那特殊的苦痛的地狱之下，虽然姊夫是专一的爱我，而姊姊又祈祷为我们祝福爱好。

姊夫受了我苦劝的千千万万，他就和姊姊为慰我的苦心，和姊姊发生了肉体关系，现在已经怀孕了，在家里及各亲友等，都以为他俩已重复爱好，都高兴为他俩祝祷幸福。并且他俩还组织了个小家庭，表面上确是充满了爱情的新家庭。然而内中的情形，除出我和姊夫姊姊外，是什么人也不会知道的。姊夫大学卒业后，就执教于某校。姊姊婚后也进某校补习，学问自然进步不少。姊夫的家里，知道他俩又组织和合美满的家庭，十分代他俩快乐。

我从不曾交过一个知心的男友，就是有也非常普通的。而在前年得某人的介绍，认识了一位R君，他是在沪地某大学肄业的。我们从彼此的通信后，认识了各人的人格品性学识，进展而达入爱情。他在去年暑假卒业，亦来某校执教，因为我们性情的相近，R君就托介绍人出来提婚，再三婉言，我家里多方探询，十分赞美R君，只须得我同意，此事就可成就。

我因为正在求学之际，婚事如属过早，难免有碍前程，虽已有二年之交，然而总觉得能够自立后再进谈婚事为佳，于是就好几次的推辞了。

事情是这样的，我因为姊夫的那方面，所以在未允R君之前，曾和姊夫一度的商酌。我的主见是“我虽与R君成婚，然对你仍抱有永久精神之爱，望你仍爱好姊姊，三人一体，大不赞同”，出于我意外的是姊夫竟大觉苦痛，说我不该有此手段，劝和姊姊爱好后，仍再另属别人，太无情义。

事后我因为偏重了这样的意见：“三人一体，在现代社会下是一定办不到，而我家庭亦必以为败名。又因为姊姊已经怀孕，若日后再提此三人一体之意，家庭将大为惊讶，使我进入坟墓（别人尚不明过去六七年的经过历史）。若然日后居然达到三人一体，难免使姊姊会暗地苦痛。而我的地位，亦非常难以处置，我何以去慰姊姊，又因为R君的人品不坏，因为这些心意占重太大，于是就答应了R君。”那知姊夫心神愁乱，硬说我不该走这条路，他要我中止进行，不然，他就会走入绝路。姊姊也十分忧心，而且R君方面正要进行此事，怎么好呢？唉！先生们呵！请你救我吧！究竟如何去应付姊夫呢？如何去顾及姊姊呢？而且已经答应了R

君，虽然还不曾进行订婚，然而怎样再可以取消前言呢？先生啊！时候是这样的紧迫，事情是这样的特殊困难，我真没法来解决，求先生在最短期间给我一条出路，那是我死在九泉之下，也不会忘掉大恩的。

十九，二，二一。

〔答〕令姊丈与女士发生恋爱，且令姊亦常劝女士与其夫爱好，而且极力劝嫁其夫，此事诚大出于情理之外，殊属奇异。依常情论，则为女子者，不论其妹或其他女友，与其夫爱好，必有醋意，决无反肯殷勤劝助之理。而今令姊反劝女士爱其夫嫁其夫，真属奇闻。而女士为爱姊计，为自身计，亦不宜与姊丈相爱，此亦常例。盖女士既爱姊丈，必愿姊与姊丈相爱，如女士与姊丈恋爱，则令姊在精神上必受痛苦。至令姊丈所云，如女士与其相爱，则与令姊亦相爱，此事亦似虚伪。盖令姊丈与令姊能有爱与否，全与女士嫁否无关系。即其言属实，亦以令姊为工具，而非真能由此对令姊发生爱情也。愚意令姊丈实不免存心欺诈，至有此不近情理之言。至令姊之屡屡劝女士，或受其夫之恐吓，及强迫手段，恐如勉强为之，必受虐待，或因怯懦不欲反对而勉强劝说，决非出于本心。在女士一方面，令姊丈必以女士年青，未明世故，乃自施此引诱欺骗之手段，万勿受愚为要。至三人一体，更属欺人之谈，如令姊已在名义上正式离婚，则令姊丈与女士结婚后，亦不成三人一体。如仍与令姊同居，则为重婚违法。除非女士甘愿作妾，在法律上可无问题外，均说不到三人一体之言也。承示有一男友某君，双方意见甚合，且得双方家长审慎考虑，均甚满意云云，如对方品性学识，均有可取，而女士又甚合意，自然可以进行，希望此事之能玉成，令姊丈实无阻止之权利。即渠因此悲愁，尽可置之不理，在彼即有发生不测之事，女士在法律上及道德上均可不负丝毫责任，尽可不问。盖彼实自取烦恼，即使自寻短见，在社会上亦可少一不良份子，实不足惜也。

十九,三,一。

宁可上父母的当

我的婚姻，完全是旧制的。在当时父母已择定了快婿，固无告予之必要，此旧制婚姻习惯的缺点，虽经姨母之详细庆告，终由予在校时煞费苦心，从各方的探询，才足证明对方品学均属尚佳。

当未婚时，我俩同地求学，星期途次邂逅，每为姊妹学友，指出呼唤，睹面羞涩，他亦解意从未轻步狂举，予则犹以女子应有的道德，与守己的名誉，以副对方的人格。至于数年来频逢，未亲一语，如此对方毫不怪予守旧，是亦钦予之人格，故予亦绝对的信任他的人格。中心自己默思，方知作父母的实系为儿女造福，何须反对，亦在双方守道德的恋爱，方不至中途抛弃。结婚后，三四年来我俩少有言语相犯，由亲而爱，由爱生敬。回想我俩同隶旧婚之下，得享这天然之和好，能坚久不变的恋爱，旧婚制下，难道如狼虎可怕的吗？展阅报章，所载智识界男女每因自由恋爱，至感情破裂，或对簿公庭，种种谬行，比比皆是，诚有令人触目惊心。细考究竟，类多为误解恋爱，至酿成失足的祸。但是父母主婚之弊，固多由于过信媒妁之言，不能充分的调查。如果做母亲的能将她作女子时代求夫婿的心理，为子女求婚，应如何视察子女性情，以定取舍。既得对方品学有可取处，开示子女，或导引谋面，以征双方的意见，种种方法，如果这样进行下去，子女会毫不体谅父母爱子女的苦心，坚欲执行其自由行动的，敢断很少有的。故余以为女子一方面心性本来专纯，智力又薄弱，最易受甘言诡计的引诱，结果演成至惨之剧，看起来比较上小白脸的骗当，宁可上父母的爱当还好，予非否认自由恋爱之可取，亦非承认旧制婚姻之尽善，是叹女子受骗与陷落者日多，与父母生女的心更寒，欲唤醒女界的失足，故主提倡旧制婚姻的改良，希望女子心中不要认父母主婚，当作绑票式的害怕，要在相当范围内，有诚心的信仰。予当未婚时，心田已染新思潮，倘若不存信仰父母是为子女造福之念，一意反对，岂不自失良缘，不知先生以为何如？

十九，四，廿五。

〔答〕承示旧式婚姻，甚为满意。查旧式婚姻，固亦有满意者，犹如买彩票者，亦有人得到头彩也。至新式婚姻，亦有不满意者，天下无万全之事，有利必有弊，诚不能一概而论，要在权其利害之轻重多寡耳。女士之卓见，敝刊固甚赞同。惟际此过渡时代，亦有顽固之父母，强迫子女之婚姻，例如旧式父母往往以金钱为标准，而于人才体格则不甚注意子女者，大概特重人品及学问，因此常有不合而互相龃龉者，亦事实也。依现今法律，则为子女在二十岁以内，父母有主婚权，惟亦须征求本人同意。盖子女在二十岁以内，其经验观察较浅，较易受愚，故在法律上有此保障之规定。惟子女在二十岁以上，则本人有主婚权，父母共同考虑则可。此时如父母顽固，则子女已有主婚权，即可自由作主。盖二十岁以上之子女，较有经验，而观察力较强，故法律上得赋与此项自由权利。总之，如父母贤明，子女固当请父母为顾问，如父母顽固不讲理，则为子女者为终身计，亦不宜作盲目之服从也。

十九，四，廿六。

组织“婚姻介绍所”

我们在这个旧思想未能涤净而新思想正在输进的混沌的社会里，对于男女两性间切望而又担忧的结婚这件事情，虽然个个都有“恋爱结婚”的思想，但事实上不能摆脱“旧式结婚”（指未经恋爱的）者居多。这是什么缘故？已经受过这种痛苦的人，都知道是因为没有良好的有婚姻之媒介的。一个青年，当他的年纪已经长大，父母正催促他结婚的时候，虽然他自己很担忧着和一个未经恋爱的人结婚是很危险的，但是没有良好的媒介，使他没有机会和异性谈爱，于是不能不任父母去弄鬼，凭媒妁之言了，或者是去公园或戏院白相了，甚至有的在报纸上登载“求婚”这一类像买卖货品的广告了。这些未恋爱或一时感情冲动而成的结婚，固然有些也能得到一个佳偶，但是我相信在百人之中，只有一两对这样侥幸的人，其余那九十几个都是夫妻反目的怨偶了。结果，那些立志坚决，大有勇气的人，于是提出离婚了；那些意气激昂，被家庭压迫，不能离婚的人，于是向自杀之路去了；那些志气消沉，懦弱无能的人，于是受苦含泪地挨下去了。我们都知道；离婚是一件不好的现象，自杀也是一件不幸的事情，尤其是不离婚也不自杀而挨下去的怨偶，是有害于国家社会的。因为不亲爱而又忧伤悲苦的夫妇，所生的小孩子，多是愚鲁、懦弱、白痴的。试想一个社会增加了愚鲁、懦弱、白痴这一类有害无益的人，多么糟糕呢！所以提倡“恋爱结婚”，是我们今日最重大的职务了。但是怎样来提倡“恋爱结婚”？我以为最切要的工作，就是设立“婚姻介绍所”，因为先前没有这种介绍，男女就无从结识，即是无从恋爱。倘若有了介绍所，每一星期或一月集会一次，使男女彼此认识，至情投意合的时候，然后结婚，自然会减少了离婚、自杀，及夫妻反目的不幸事情。

这种婚姻的介绍，欧美各国，有所谓家庭集会、社交集会等，日本也有婚姻媒介所。我国除少数的学校（如教会设立的）有时有男女社交集会而外（但在这个会上也很难自由笑谈），简直没有家庭集会、社交集会，尤其是婚姻媒介所之可言。这事虽然老早有人说过，但是没有一个可靠的团体去实行，终于不能实现的。贵社的目的是为人民谋幸福的，现下我很希望贵社费些力量，设立一个“婚姻介绍所”（或恋爱媒介所），使人人都得到一个情投意合的人成眷属，这不但是个人之幸，就是国家社会也有很大的影响的。最后，敬祝贵社组织婚姻介绍所成功万岁！

十九，四，廿六。

〔答〕承示婚姻无媒介机会，以至无圆满结果，目前诚有一部分事实如此。其根本解决，则在教育之提高与普及，使一般男女，均能得到相当教育，则风气自易开通，对于社交机会，亦可增多。为女者，不至如以前之足不出户，日常所见，惟有一家之人，不与外界来往。盖既能出外求学，复能出外服务，则与社会接触自然较多，婚姻亦不至全由父母之命，媒妁之言矣。故此事之根本解决，在普及教育，殊非一朝一夕所能速成也。惟现在女子，已比昔日之女子受教育者多，且于社交方面，亦较有机会，不过尚未十分开通耳。在风气未甚开通之前，即设婚姻介绍所，亦无甚效用。况此事设立，亦须有相当人材及相当时间办理，决非敝刊同人目前之才力及时间所顾得到也。愚意即在目前状况之下，在男子方面，如能在社会上得到相当职业及成绩，个人行为品性，学识健康，均甚可取，而能引起为父母之有女儿者之注意，盖父母亦愿选择良婿，届时如男子有适当之条件提出，则对方亦易于乐从。诚以无论何人，在社会上决非绝对孤立，在校有师友，在家有亲戚，在社会有朋友，倘有可取，总不至无物色良伴侣之机会也。

不知所措

我的姐姐，在前年由一个丁姓亲戚的介绍，嫁给一个在吉林的商人。她是一个很娴淑的女子，人是不能十分圆满的，不幸她的两只耳朵，在十六岁时就聋了。她时常为此下泪，尤其是因为她失去了求学的快乐。我真佩服她求学的精神，在这苦闷的十年中（她今年二十六岁了），她的思想，她的学识，却无日不在那里进步。在她定婚的时候，因为自己的主观见解太深，不容旁人干涉。丁姓是一个很近的亲戚，他拿着自己的人格和父母来担保这件婚事，大家都十分相信他。我的姐姐，因为慎重起见，在定婚以前，亲自与男方互通七八次信，信里的内容是什么，旁人不得而知的。不过仅知道他曾受过中等教育，并且还做过教员生活。我们的父亲，专为这件事情亲自跑到吉林去看了他一次，结果就决定了这件婚姻。定婚后三个月，他们就很快乐的在我们的故乡——

河南省——结了婚，他因为职业上的关系，两个月后，又回到吉林去了。在他们分离后八个月，他忽然得了很利害的咯血症。她得到这种消息，就不顾一切的立刻跑到吉林去。在她到了他家的时候，她忽然发现了他已经有了妻子，并有了五岁的儿子，有了三岁的女儿，他家是那样的杂乱不堪，她立即昏倒了。她屡次计划着离开这个险恶的人世，她曾严厉的质问过他和那个丁姓的亲戚，但是结果不过得了几声奚落的冷笑，和几句不负责任的淡语而已。她很想在她自杀以前先杀了这两个恶徒，但是畏惧战胜了她的勇气。她不得已又跑回自己的故乡，事情已经相隔一年了。他的病据说已经好多了，近来他给她来了一封信，说："你究竟想着怎么办，离婚吗？如果你愿意，也无不可。不过我是没有这种念头的……"懦弱的她，又不知所措了。她来信问我怎么办才好？我觉得是应该离婚的，因为他们中间已经没有恋爱的成分了。先生，这样办对吗？如果离婚的话，要经过法律的手续吗？是那些手续呢？不经过，可以吗？他和丁姓是不是有犯罪的行为？关于她的将来怎样才相宜？惟她是个聋而又受人欺弄的女子，先生，你肯替她想个妥善的办法吗？我现在在渴望着。

十九，七，八。

〔答〕令姊婚后，始知对方已有妻室，深代惋惜。惟此系重婚，为法律所不许。嫁时既不悉对方已有妻子，则过咎全在对方。此事之解决办法，不外两途：（一）和平解决，即请人或原媒与对方交涉，要求赡养费若干或其他相当条件；（二）如对方不允，惟有依法起诉，请可恃之律师帮忙办理也。

十九，七，二十三。

急的睡觉不安

我的一个妻妹（俗称小姨），自六七岁，订与本村一个孩子（大约也是六七岁）。双方都是年小，当然不知什么婚姻大事。又到她——指我妻妹——长大到十五六岁，我与她的姐姐结婚，当时我在北平某学校读书，一切一切，都比她未婚夫好一点——至少的限度，在她眼光里。因为她的未婚夫是一个农人子弟，目不识丁，又粗鄙，于是由我想起她的命运不佳了。她的婚姻，全是父母之命，媒妁之言。旧式女子，那里知这离婚呢？自由恋爱呢？当然没有反抗旧礼教的勇气，只有长吁短叹罢了。她决计暗自吞鸦片自尽，以了终身。在未吞鸦片以前，我的贱内——即她姐姐，时常见她怏怏不乐，背人啼哭，于是追问她究竟那里有不随心之事？她起初不说，经我贱内再三追问，终之因姊妹之情，她将实话说了。说她不愿再活，要一死完结。我的贱内当时允许慢慢设法，劝她勿糟蹋身体。我贱内过几天就委曲婉转将她妹子的事，述之她母亲细听，她母亲又将此事告她父亲，意欲教他退婚。不料父亲是个老顽固，坚不允可。遂致她吞鸦片自尽，被人察觉，得救不死。她父亲仍然说些败毁门风的话，硬教她死也决不为她退婚。当时我在某中学服务，后将贱内搬来，以免寂寞。贱内于无意中把她妹子的事告诉了我，我立刻生了恻隐之心，想设法救她。于是用计把我妻妹骗来，我即为她四面物色快婿，不久果然如愿以偿，嫁与一个聪敏强干的少年军官了，夫妻二人，非常和谐，其乐融融。我也算把她救出，对良心亦堪自慰，这还是去年九月的事。不料今年她父亲来信，教她回家出嫁，她婆家亦催逼要娶。编者先生，你看这事怎么办呢？我每天急的睡觉不安！先生学识宏当，敢请详细指教。

关于此事，我有两个难点：一个是如何去安慰我的岳丈，使他不觉得这是一件什么大不了的事。第二点是如何去与她以前未婚夫退婚？假若涉讼于法庭，官厅方面是否允准离婚？离婚的具体条件是什么？请详细示知，不胜感激之至。

十九，八，九。

〔答〕承示尊夫人有一妹，以其父母顽固，代订婚约，不允解约，其妹因不愿嫁父母所订之未婚夫，后由足下作伐，嫁与另一男子。此事依法律而论，则在未与前所定之未婚夫解约前，不能与其他男子结婚。如女子在二十岁以上，依法婚姻有自主权，惟亦须征得父母之同意。如父母顽固不允，则有自主权，此系指未定婚者言。令尊夫人之妹，尚有旧式婚约在前，虽在二十岁以上，婚姻有自主权，亦须将前事解决，然后可以另嫁。今其父嘱其归家出嫁，此事只有设法婉劝其父。想其父既甚顽固，大概可允许其女从一而终。可谓其女既已嫁人，惟有从一而终，对于前所定者，惟有设法解约，如此说项，或可回心转意。惟对于对方，亦须设法使之和解。如须依法起诉，则坤宅理缺，势必败诉也。

十九，八，廿八。

求他作一个主裁

现在有一件极急切紧要的问题，非先生的深谋卓见，谅谁都不能代我想出主裁的办法，只得不顾一切，举起秃笔直述出来，求先生指教。

这事是什么呢？就是我与舍弟婚姻的问题。我兄弟俩是一对孪生子，家本寒微，在我俩当初中仅读了一年的时候，遽遭先父的辞世（这是前三年的事）。自先父见背后，我俩的求学，也就因此停辍。弃学后，舍弟为着家庭生活所累，遂鼓起往南洋的勇气，离乡背井的南跑了。我呢？因舍弟跑了的缘故，不愿凄凉苦闷的母亲，因受失所天的抱憾，再过那单调而没趣的生活。故我因此三思，为着“膝下承欢”的念头，遂老马恋栈般的逗留着故乡，随侍家母之侧了。这时刚巧敝乡一般长者，睹我孤苦的情形，特加青眼，命我在本地某校做一个助教者。光阴迅速，我不觉已是廿岁了，尝试小学教师的滋味，也匆匆过了三年了。照敝乡风俗，凡是到了弱冠时候，在经济小康的家庭，本应早替儿子订婚结婚。然我呢？因孔方兄底关系，对这问题是不容我谈到。但不料事情说来奇怪，其前年八月时，忽同堡某姓也有一对孪生女，她父母因伊的儿长大了，本着“女大须嫁”的古训，特托媒向我征求意见。当介绍人来到舍下时候，似乎对方也明了我家的经济状况，竟说到对方父母云：“在聘金方面多少是没有问题的（因为对方是一个小康家庭），并说她俩曾在小学毕了业，不过她俩当中，做少妹的皮气，是有些不好，这就未知你方表示如何态度等的话。”我当时听后，觉得找不到什么话回答，因舍弟还在南邦，照理她小妹就要配我舍弟，我为着婚姻绝对须本人同意起见，在那天的晚间，我就将这件事情，写了一封信，并将对方由媒送来的照片，一同邮寄给舍弟。这信寄去，昨天就接到舍弟的复书，展开一看，原来没有什么同意不同意，仅写：“这事由兄修函给《生活》的编者先生，求他作一个主裁后，方来决定。”哈！哈！我本来崇拜先生的，不料舍弟也是同调的敬爱先生，我兄弟俩竟能不约而同信任先生，谅先生也定有诚意的心，来对我兄弟作一个主裁决断吧?

十九,十,二。

〔答〕足下与令弟系孪生子，兹有某姓有孪生女拟配与足下等，如双方均能合意，固属佳事。至令弟现在出外谋生，曾将照片及此事告知，彼云：此事须请敝刊编者决定。查婚姻大事，各人所好不同，须本人自己加以考虑自决，殊非他人所能代决。况敝刊编者，与此女子素不相识，殊难凭空代决。惟愚意此事如仅寄照片与令弟一看，似不妥当，盖照片上不能察出品性等等。如能于令弟归家之便，当面观察考虑对方品性、体格、面貌等等，然后自决，较遥定为妥也。

十九,十一,一。

使我左右为难

我是一个自幼早失父母的孤苦青年，幸得亲友的可怜，我在前年和一个同乡女子结婚，彼此情爱颇笃，岂知祸从天降，未及二年，内子就一病不起，竟与我这可怜人割爱永别！当时我日夜悲伤，自认平日很达观的我，每一回忆亡妻，竟忍不住要落泪，虽于工作之时，往往一无主意，像患了神经病一样，屡次想要自杀，可是定神一想，自杀是极懦弱而无志气的行为，岂愿为世人所认为无用之人。但是境遇既然这样痛苦，后来想抱定宗旨，终身不再续娶，宁做一世鳏夫，什么美满家庭，什么人生幸福，多不愿在我的脑际。希望将来做一些，有益社会的事情，亦对得起做一个国民的责任。光阴很快地一天天过去，经许多亲友的慰劝，渐渐地恢复我达观的本性。

不料最近我亡妻有个表妹，从前曾与我同住过，她家境亦尚称小康，内子在病时，她见我服侍的亲诚，所以她的心渐渐地爱我，想做我的继室。不过我自知命薄，就是娶她，势将害了她毕生的幸福，而又怎样对得住地下亡妻，我的良心上实难交代。加着她的家长，多是十九世纪旧古货，满腹的旧思想。然而她爱我的心仍一意的向我，不变她的主见，使我难以拒绝她。最近我委一个亲戚去说亲，她的家长决绝的说我是个穷苦人，岂配得上她家，消息传入她的耳里，犹如个青天霹雳，使她十二分失望。然女子解放声浪高潮中，家长的应与不应，亦没有重大问题。可是我们现在未到完全自立时候，这种勉强而未经她家长同意的婚姻，势必影响于我们名誉和前途。正在这样困难踌躇中，忽又横生枝节，就是我前妻的岳母，这个岳母与我有特殊关系，她因为自己没有儿子，待我竟像亲生一样。时常劝我勤俭，和关切我的寒暖，竟如我第二个母亲。并且在我大病时，终日夜服侍汤药颇为体贴周到，又是救命的恩人。自从她爱女病亡后，与我同样的悲伤，由她的伤心中感到我的伤心，所以想早日替我设法续娶，后来竟有一家门当户对，并且要我早日答应。因为表妹的经过，她亦知道，起先亦很赞成，后因她家长不应，所以竟劝我要配另外的那一家。对于上面的经过，我有三个难题：第一，如其续娶对不起亡妻，第二，答应表妹势将不能圆满无事，第三，不应岳母成了个忘恩负义者。有了这三个难题竟使我左右为难，无从设想好方法。先生是困难的救星，请你替我解除苦痛，早日赐个好方法，那是我所感谢的。

一，十二，二十。

〔答〕承示足下业已结婚，双方情爱颇笃，不幸对方一病不起而致永别，深代惋惜。现足下与前妻之表妹发生恋爱，惟以对方家长不允，又以续娶对不住亡妻。愚意前妻既已逝世，续娶无所谓对不住，此层似无问题。至令表妹方面不知年龄若干？如未满二十足岁者，照法律而言，婚姻之成立，须得家长之许可。足下只有请亲戚知友疏通之一法。如已在二十足岁以上者，有完全自主权，为顾全对方家属感情计，固不妨与之婉商。如对方家长仍作无谓之反对，倘令表妹自己坚决，足下尽可自决也。至于令岳母因令表妹不得家长之许可，想另聘别家，此事系终身大事，宜自己酌办，不宜以岳母之意为意。足下如诚心欲与表妹结为终身伴侣，宜由自己作最后之决定，岳母对此事并无多大关系，无所谓有所辜负也。

一，十五，二十。

顽固不化的祖父

我现在有一件事，要请先生指教。我于十一岁的时候，婚姻大事，就被祖父给我包办好了；她（指我未婚妻）曾在县立高小毕业，以后又进师范学校，程度还算不错，后来我们俩又互相通了一年多信，感情方面，也还算不错，此事不知怎么，叫我那顽固不化的祖父知道了，于是他就大发雷霆，怒不可言，于是他就和我母亲商量，非逼迫叫我与她写信离婚不可，不然的时候，就要驱逐出我，叫我自谋生活。试想我乃一初中的学生，那有自谋生活的本领。我俩感情甚好，真是所谓进退两难，多智的先生，请给我俩想一个好法吧！

二，四，二十。

〔答〕承示足下婚约，自幼由祖父订定，双方感情颇好，并时常通信，惟被令祖父得知，遂不问情理，竟欲强迫与之解约云云。查此事自系令祖父年老顽固，思想陈旧所致。依法渠只有介绍之力，而无强迫之权。婚约之成立，如未满二十足岁者，虽须得父母同意，然已与令祖父无涉。如已满二十足岁者，婚姻有自主之权，令祖父更无要求解除婚约之权力。故此事可置之不理，足下尽可放心，不必因此而郁郁也。

二,十四,二十。

结婚的仪式

我有个相识五年而相交坦白的女朋友，近来更进一步的谈到了婚嫁问题。对于订婚和结婚的仪式曾互相研究过几次，都未曾有妥善的办法产生。我们自负都是新的青年，那种腐化的、不经济的、傀儡登场式的宗法结婚式，当然在革除之例，就是所谓文明的新式婚仪，也太嫌过于贵族色彩，决不是我们不希望遗产坐食，而自己生产自己消费的青年能够仿模的。所以请你指导我们一种适当的、经济的、革命的、简便而不伤大雅的仪式，庶我们可以施行，达到圆满的目的。

二,二十,二十。

〔答〕承询结婚仪式，际此过渡时代，对于结婚仪式，须视本人思想之新旧程度而定。如本人思想稍旧，可用普通形式。在结婚时，可请一证婚人证明双方婚事，并行结婚礼。如本人思想较新，则可开一宴会，或备茶点，邀诸亲友相叙。由新郎新娘作主人，由新郎略述经过旨趣及报告可也。

二,廿九,二十。

事前失于检察

余现年二十五岁，于去年四月间由亲戚介绍与黄女士订婚。当未订婚以前，虽亲自秘密探望一次，但未经细察。在去年秋间初次面晤，接谈之后，即发现狐臭，触鼻难堪。每恨事前失于检察，草草订婚（旧式订婚，并未立有证书）。且此病据余观察所得，悉有遗传性，可以传及子孙。因敝友张君狐臭，由乃母所遗传。而询诸西医，亦谓确系事实。虽于发育并无障碍，而亦为恶疾之一也。至与黄女士订婚，完全由家长主持，故对于黄氏平常感情从未有热切表示。而今感情益趋冷淡，设从事迁就，一误再误，则将来一生幸福牺牲殆尽。殊非结婚之本意。今唯有脱离一途，则非谋解约不可。上述事实是否正当理由？在法律上能否成立？如何设法取消订婚？敬祈先生详细指导，而达人生幸福。实深感激。再将来取消订婚之后，对方恐抱消极，发生短见，在余一方面有无责任？亦请示及。

三，一一，二十。

〔答〕承示于去年由亲戚介绍，与黄女士订婚，兹以知悉对方患狐臭，故拟解约。查此婚约如当时未得本人同意，而由父母代定者，倘本人不满意，当可依法解约，如当时本人曾表同意，则已订婚后，知对方患狐臭，而欲解约，在法律上不能作为解约之充分理由，故此事之能否解决，须根据当时定婚时足下是否同意为标准。查患狐臭如程度尚浅，设法疗治，或有痊愈之可能。倘程度已深，而足下又以此为切忌者，只得请相当亲友与对方婉商解约，倘能不经法律手续，而可和平协议解约，固幸事也。

三，十六，二十。

宗教和婚姻

我在三年前的一个冬天认识了一个异性的朋友，她是任事于社会而能独立的女子，而又是基督教的信徒。自从认识以后，我也当她为普通朋友中的一个，感情也是平常，直到去年的冬天，有一天晚上请酒，她也是来宾中的一个，同堂而吃，在吃的时候，我们常以目对视。故引起第三者的注意，此第三者是我的亲戚，而也是她母亲的老友。等席散后，他（以下此字代第三者）对我说："我和你们介绍，去征求她家长的同意。"

约一星期后他来和我说："我已经到她家去过，但她家长说：此人（代表我）是不是教友，我（第三者）说不是，后来她家长也没有什么表示。"因此他劝我信教，星期日到教堂里去听听。

在他到她家去过以后，她又常到我家来走走谈谈（以前是不常来的）。约过一二星期以后，她又来同我家里人说，午饭预备在我家里寄吃，因天冷往返不便，后来她午饭就在我家里寄吃了，一直到现在。现在所难解决的问题就是宗教和婚姻会不会发生什么问题，因为她家都是基督教的信徒，因此特来恳求先生替我解决一下吧！

三，八，二十。

〔答〕足下有一女友，甚相爱，故有意婚姻，惟此女友系基督教徒，而足下则非教徒，可否成婚。据吾人所闻，依基督教规，须双方均系教徒，然后可以成婚，实在情形如何，亦不深悉，请就近一询基督教中人，当有所闻。亦有因恋爱而牺牲此成规者，故此事须视双方恋爱程度及有否决心为断。

三，十四，二十。

珠胎暗结

兹有问题一则，谨述于下，敬求明教。

余有表姊陈氏，患疾半载。于本年一月十七日，扶病归方氏。结婚之后，甫三月，病痊，而珠胎暗结，已阅九月矣！不得已，避居母家，意欲施术打下。不料方氏知情，于翌晨，来车多辆，夫及姑等多人，催促回家。表姊无奈，家中人面面相觑，仅嘱其诬夫所有，而方氏野心勃勃，以为是一盆好菜，设法吞食之。余为表姊计，请先生明白的赐教为感。

四,二一,二十。

〔答〕承示令表姊出阁甫三月，而腹中怀胎已届九月，拟避母家施术产下，忽被对方知悉，前来迫返，意欲设法侮害之，不胜代为悬系。如令表姊确有不规行为，而被彼方查有明证。则在彼方依法可提出与令表姊离婚，但如有意设法侮害，则彼方亦不应出此。倘在女家确信令表姊回去之后有身命之危险，而又深信对方不能谅解者，似以托人先出面调解为是。调解目标，大概不外二点：倘令表姊愿意与对方脱离关系，调解者可从此方面而着想。欲达到此项目的，或与对方以相当经济上之赔偿，始能了事。倘令表姊仍欲坚持原有之婚姻关系，则调解者只得与对方婉商，回去之后，勿加苛待之办法。诸希酌行为幸。

四，廿七，二十。

究竟原因安在

余现在已结婚四年，兹在此四年之间，所过之生活，无日不是苦闷者。我的他系投身政界。余以与伊母不合，长与同居恐生嫌隙，故常居娘家。每逢寒暑假即往伊家一次，居一两天或一星期又反娘家，伊父母亦未常阻止。他屡次外出，即毫无消息，回则必接余归，头日归次日即着人来余家，或本人亲来我家。我亦未常有不欢之色。同居一处，爱情异常浓厚。若无事时常居余家，但一切用费，伊毫不顾及，现在尚全由娘家供给。余见此情形，殊以为奇，常以从容态度相问，毫无怪伊之颜，问你屡屡外出，则毫无消息，若毫无关系者，使余望穿秋水何为？汝在外余实异常挂念。而伊之对我极为滑稽，当时即哈哈一笑，急走近身旁，双手拥抱，以温言语我曰："妹妹，我爱你，我确实真心爱你，我之不回信，亦无他意，无非是不爱写信而已，妹妹，请你原谅我，不要来作难我！”应曰：“并非作难你也，余观古今女子结婚以后，无有一切全由妻子负担，夫则屡屡外出，毫无消息，未常闻也。你有其他意思，亦可尽量发表，余并不勉强，你若说不爱写信，我不相信，何以言之，前见你在家，天天写信，不是给兄弟，即是朋友。”伊之答复又更加奇怪：“余认为人生最可亲者，乃夫妇也。我认为你是我最亲爱最亲爱之人，故对你一切皆很随便。”我又应曰：“你不写信即不写信，何必诡辩。”伊又笑曰：“妹妹莫怪，请恕我，以后当不复如此冷淡。”我应曰：“你以后如能更改，我当谅你，已往之事吾不追咎矣。”现在又外出半年矣，简直寻不到踪迹，此次又奇上加奇，连伊兄弟朋友皆不知所在矣，又非与谁人口角而出，余见此怪象，实不了解，旁人亦不能明白，究竟原因安在？故皆以为奇，余居此环境，实感不安，更不知如何处理此事？旁人亦不敢参加意见，知先生能代解决一切问题，是以特致函贵社，请求解决，不胜感盼。

五,二,二十。

〔答〕承示女士婚后，夫妇感情尚佳。惟以尊夫辄外出不归，以致常感苦闷。此事或尊夫另有苦衷，亦未可知，盖待女士既尚好，当然非有意遗弃。故女士最要者为探明尊夫之职业，及不得不常离家之原因。来示云尊夫现投身政界，此事可托令亲友代为打听，在外果系何职，或尊夫因职务关系，未能久留家中。如此，女士只有加以谅解，要求尊夫多与女士通信，以慰苦闷而已，或尊夫在外现尚未有所成就，经济不甚充裕，女士俟其经济能力充足时，既然彼此感情颇佳，为要求出外同居，当必蒙彼允许也。总之，此事全在女士斟酌尊夫之情形如何而定，敝处不能凭空代谋，既承下问，敢尽所知以告，聊供参考而已。此外未能有所贡献，至以为歉。

五，十三，二十。

嫁富还是嫁贫

我是个很旧的家庭的女子，父亲是靠着祖上遗下财产过着安逸的生活，母亲是八股先生的女儿，所以他俩的脑筋，都是腐败而加上固执的。我呢！蒙祖宗的福荫，才受高中教育。咳！不幸的事，就是由这新旧歧途中生出来了。

我在生下地还未满周岁的时候，就许多媒婆说媒，将我说与某巨商的儿子做媳妇。我在中学的时期，他们就有许多人向我说笑话，什么少奶奶，什么坐汽车，住洋房，这都是你将来到婆家应有的享受。我当时听着，也只有红着脸，羞答答的避开而已。但是心内想着，他家大概有的是钱，终身的衣食住，谅不成问题，不过所谓的他，究不知什么货色，脑海里无时不存着最高的欲望。

在十八年学校放寒假的期间，久藏在闷葫芦内的他，竟托人央求我，说要同我通信，我因为想一探对方的心性，亦很愿乐从。在头二次的信，文笔畅达，字迹端正，语意间，充满了有作为而有价值的青年，使我看了得到无上的欣慰，心内充满了无上的希望，谁知事实上竟使快乐的我灰心到极点，因为他的信，都是央别人写的（自通信后，时常会面，渐渐试验出来的）。原来他肚子内糟到极点，乃是一个不学无术的纨绔子弟，面孔是麻的，块头是大的，存心是歪的，各种不正当的思想，均于一双狞怪的眼睛中流露着。我的灵魂，到此时完全散了，心整个的灰了，知道前途的幸福，绝无希望的，恨不得立刻死脱，到还干净。

我在十岁的辰光，有个同学T君（他的父亲，同我的父亲有密切的关系，他在我家寄住），朝夕相从，十分投契，十六岁时，同他在一个中学毕业。他因双亲年老，家庭经济的关系，弃学就商，经我父亲的介绍为某商号学徒。两年后逐渐升为司账，收入虽不甚丰，但学识上的进步，令我望尘莫及。我们以前辈之关系，同学之地位，不时通信，他的品行和学问，是我素来羡慕的，他的勇敢和毅力，是我很佩服的，他的志向远大，存心忠直，是我深表同情的，因此对他的印象渐深，每于写信之间，不无流露之迹。后来两方的大人都知道了，自后音信生疏，家庭对我软禁，婆家催促结婚，他因嫌疑，自动的辞去，往香港去了。临行时，写了一封极沉痛委婉的信，语句是劝我不要为沦落的他牺牲一切的幸福，他自恨无志气，无力量，不能与资本家角逐奔驰，深愿舍己从人，一逃了事。但他的意思，藏有极深刻的暗示，表白他的志愿，征求我的同情。先生，我对他已经死心塌地，所谓压迫力愈大，反抗力愈强，憎彼之心理愈真，爱此之心理亦愈切。不久即接他由港寄来的信，说事已就妥，每月薪俸只有六十元，仅能供给他慈爱父母的生活费，并说我要是离开家庭时，仅可往他家暂住。不过我现在有几个问题，在心中忐忑不能决。（一）我的家庭是旧式的，且很势利的，解除婚约，万难得其同意，我是弱女子，万难抵抗一切恶环境。（二）除上项办法外，只有潜逃，但我身无长物，又不能窃得家庭经济权。且他的现状，也不十分好，他家中境况也很困苦。（三）我对他的爱，是到沸点，但是他来信总是用暗示含糊的话，而不肯直截了当的说爱我，恐怕我爱他，他不爱我又怎么办？不过我相信他是很诚实的人。（四）此外尤有一大问题，我若是与家庭决裂或潜逃，于我个人的良心上甚觉不忍，一旦不顺从他们的意思，不是使我慈爱双亲感到极端的痛苦么？（因我无兄弟姊妹）难免被社会上的恶评。（五）我虽深信婚姻问题，要由恋爱结合的才圆满，但恋爱结合者，有时亦因穷困意见而脱离，今某君一贫如洗，前途生活，成唯一大问题，若是服从父母之命的话，前途的享受，是不成问题，且父母间的感情，亦不至破裂，又不致蒙得社会不孝之名，且我之认为不满意之对方，倘一经决裂，在他的势力范围内，直接能危害我，及我家庭的一切，间接，能危害他的一切。（因某君在港的职业和他仍有关系，设若一旦决裂，影响于他的职业，使他家庭的生活失了凭借呢！）先生，我为此事，心魂不安，究不知是嫁富求物质享受的好？还是嫁贫求精神愉快的好呢？顺着我俩的爱情走去好？还是顺着父母的伦理走去的好呢？统希详细指示，实不胜拜祷之至。

五，七，二十。

〔答〕承示一切，兹就所知与鄙见，谨答如下：（一）依法律论，未经本人同意之婚约不能成立，查法律未成年时（二十足岁为成年），为父母代订婚约未同意者，可以提出解约，解约手续不外两途，（1）和平解决，请人调解，不经法律手续与对方协议同意解约；（2）如和解无效，只有依法起诉。至应否解约，则须本人自决。愚意对方男子倘尚有可取，而可以无须提出解约者，则亦未尝不可容纳，万一经慎密考察之后，实竟无容纳余地，则终身大事，不应随便，只得陈其利害，向父母婉叩商量，只须有充分理由，父母皆有爱子之心，想不难得其谅解。如父母顽固坚持，则是否可以达到目的，全视女士之奋斗精神与能力为断，盖权利义务常须并行，欲享相当自由，必有相当奋斗精神与能力，否则除屈服外无他途。（二）依法女子在成年后，婚姻有绝对自主权，父母不得干涉。女士与另一男子，彼此如出真正恋爱，则应具正大光明态度，设法反抗家庭代订婚约，用百折不回勇气做去，固无所用其潜逃，如自问所行合理亦不畏受“一般社会”之批评。（三）来示云“对方从未直截了当说爱我，恐怕我爱他，他不爱我，我怎样办”，此层所虑极是。故女士当审慎考虑对方男子是否真正诚实、忠正、相爱、可靠，否则前途难免危险。故此事非彻底明白对方男子之真意不可贸然也。尚须有注意者，对方是否有相当经济能力，在现今社会组织之下，欲享到愉快之婚姻，必有相当之经济自立能力，关于此层，请参阅本刊六卷二十一期《信箱》编者答郭中君一文更可明白。（四）精神与物质之享乐，二者似不能分开，缺乏物质享乐，则亦不能得到精神享乐，则虽有物质享乐，而仍得不到真正之享乐，其痛苦或有甚于缺乏物质之享乐。总之，此事关系终身，望女士从各方面观察审慎行之，外人殊难代决。而最要者为女士所爱男子之品性如何，能力如何，及真意如何，既承下问，敢尽所知奉告，以供参考。

五,十六,二十。

从本身做起

我是一个已订婚而未成婚的男子，因为近几年都是在外埠求学，所以谈不到结婚的问题。原来在四年前，曾由家长作主，并得我的同意，凭媒与本邑李女士订婚。当时手续，大半采取旧式，但是我那时的观念，很不赞成旧式订婚。不过只因进行的对象，我尚认为满意。惟彼之家庭，非常守旧。我因不愿发生订婚上的障碍，所以一切方式，任凭家长作主。不过我的观念，总想在地方上，做出一点领导社会的事业，尤其对于风俗习惯上的改良，我认为是急不容缓的要着。曾拟组织正俗会，后因同志过少，能力薄弱，未克如愿！我最近毕业于某学院，现正从事于民众教育事业。所以我的志愿，凡是以后的举动，尤当以身作则，领导社会。并且决定我将来的结婚问题，不但要形式上采取新式，更要在实际上彻底改革。务使一般人对于婚姻上所感的痛苦，要彻底铲除，从本身做起，使社会上得以取法（原来社会上，有名无实的文明结婚很多，其实痛苦且更甚于旧制）。本年暑假，对方毕业于初中，所以我的家庭拟提起我的完姻问题，因此我先提出三条办法。一方面通知家庭，一方面函请介绍人转达对方，我的三条办法是：（一）打破类似买卖式的旧制；（二）革除慕虚荣的恶习；（三）破除迷信的俗例。这三条办法在我的家庭，都可通过，不过在对方的家庭，因为思想很旧，不容易接受，而我和未婚妻，也时常通讯，我并且征求她的意见，她也表示赞同，不过她因受着旧礼教的束缚过深，所以她的家庭中，始终不肯表示一点意见，而她的家长，也不给她有发言的地位，唉！像这样的女子，多么可怜！本身的问题，毫无一点主权，尤其在江北内地，要想找一个，能采正当的办法而打破旧礼教的，简直是和凤毛麟角一般。可怜这些女同胞们！何日得有出头的一天？所以我对于这事，现在很为难，介绍人也劝我变通办法，他们说："现在世界潮流，未新至此。"但是我认为：我们办民众教育的人，负有指导民众，改革风俗的责任，凡系民众的痛苦，均应设法来解除，民众的行动，如有错误，则应设法来指导，如不能在时代之先做一点榜样，怎好开口劝导民众？所以我对那三条办法，非要实行不可，却没有变通的余地。现在对方的家庭，对于二三两条，已可容纳，惟对于第一条，尚不能谅解。现在我最后的宗旨，彼如不能完全容纳我的办法，我只有拒绝家庭的意见，从缓成婚，我宁愿牺牲一切，不愿随波逐流，致受人家的批评。我对于这事见解如此，不知先生以为何如？请赐指教，不胜盼切之至。

五,二八,二十。

〔答〕足下婚姻由父母代择，并征得双方本人同意而订婚，深代庆幸！承示现以令尊堂拟择吉完婚，而足下以不赞成旧式婚姻之礼节麻繁，故特提出三条件，即改革旧式婚姻，要求对方家长同意，但以对方家长，思想甚旧，故不能完全允许，因此足下不愿结婚，深代惋惜！查此事惟有极力请亲友设法婉劝对方家长，使之圆满解决，如对方家长婉劝无效，因年老人思想不同，往往执迷难改，愚意足下对于对方女子既甚满意，似不必因此形式之事而多生纠葛，况此形式与实际上并无多大关系，只须在可能范围内似不妨予以通融也。惟通融至何限度，当然亦须考虑，此则须视实际情形如何而酌定，此事只有婉商之一法，除此亦无他途，可以贡献。愚意只须有充分理由，提出与对方商量，对方既不能永留女子不嫁，无论如何顽固，自亦不能不有相当之迁就也。

已经太晚了

在此暴日之下的中国，须积极的来抗日，我想先生决不鄙吝来替一位家庭革命者，解决国家社会一部分的婚姻问题。何君是我的至友，他同我自小而大同窗共砚的肺腑之交，何君是处于旧式家庭的青年，他父亲的年纪已逾五旬，他的母亲将近五十岁了，他是长子，他以下还有弟妹，年纪都很幼稚；他的母亲因为节省的关系，一家大小的事都由她一个人担负，她因数十年来主持家务，操劳过度，以致精力日衰，有不能胜任之象。所以他们两老心想将何君的未婚妻娶来，共同撑持家务。但何君是受过新教育的，而他的未婚妻却是一个大田户家目不识丁的乡下大姑娘，在订婚的时候，何君不过十五岁，他父亲也没有征求他的同意，而凭星卜之说，就把她订下，等到何君觉悟这事有些不妥当，已经太晚了。

他的父亲及同乡的人（何君同他的未婚妻是同乡），很重视她家（我也不知道他们重视的理由，大半我想以为她家的田多几亩罢？），何君曾要求对方入学，求一些知识，学费由此方担任，岂知对方却抱定十七世纪的好古训“女子无才便是德”。

他亦曾在他父亲前提出要退婚的话，他父亲很严厉地拒绝。我也因为何君处此不良之环境，不怕他父亲的老羞成怒，而进谏，述以婚姻之关于毕生的重要，是要有爱情、志趣、性情相同者为标准，贸贸然而结合，是很危险的。他竟答以吾辈从前结婚时，向未闻有爱情二字，而皆白头偕老，现代之青年由恋爱而结婚者，何以离婚之案日见其多；吾儿的未婚妻，是大家庭中的女子，是很有教训的，她又没有过失，而且她们全家都很俭朴。

何君处此进退两难之地位，要是强迫退婚罢，又要发生以下诸点：

（一）他父亲精神亏到万分，什么刺激都不能受（何况退婚于此辈旧思想的人是莫大的不名誉），万一发生不幸，何君的担负是如何能胜任，且恐怕太不孝罢？

（二）离婚后又打算去娶那一个呢？况处此过渡时社交又

不公开，择偶是很难很难，而且他的家庭又急需人扶助主持。

要是由他们去结婚罢，过门后使她入学又要发生以下诸点：

（一）是不是她能分劳他母亲而主持家务？

（二）已逾入学年龄（她现已十九岁）。

（三）她是否有求学的志愿？

（四）她的志趣性情如何？（此二点很难打听及侦察，况乡下女子除田中工作外，是很少有表示的地方。）

切望先生在最短期间，替何君解决此急切问题，不胜企盼感激之至。

十一，十一，二十。

〔答〕承示贵友婚姻纠纷情形，兹就所知，分答如下：（一）查婚姻之结合，如先为友？俟彼此相得，再决定婚事，固较妥善。然在此新旧过渡时代，婚姻由父母代定者，亦甚多。愚意只要对方有可取之处，亦不必因父母代定而一概拒绝。贵友不妨探查对方有否可取，如无可取，只有解约。如对方品性、品貌、康健、智慧等等均有可取，虽不识字，只要聪明，亦有补救之可能。（二）父不同意，如本人认为对方实无容纳之可能，则妻与父之关系疏，与自己切身问题重，唯有设法对父婉劝。或更请其他亲友中为父所信任者从旁解劝。此则须就实际环境设法。（三）至将来另娶问题，似不须多所愁虑。只要留意物色，或托亲友介绍，愚意只须自己能自立有可取之处，不难受人欢迎也。（四）对方能否分担家务及有无求学志愿，此须实地探查，殊非凭空悬揣所能代答。如对方尚聪明，则可设法使之阅读粗浅书报，亦可有相当之进步也。

十一，二九，二十。

我实在难以启口

现在我有一件事情，烦先生替我酌量一下。与鄙人相距不远的×镇，有一个年青（约二十二）寡妇，在五年前由自己择定与某君结了婚。那时她不过十五六岁的光景——不是妻，是某君第三个爱妾——结婚后，在A县立女子小学初级修过业，曾育了一个女儿。不幸某君在二年前死了，死在南京（那时她也在南京）。搬了丧回来，觉得生活上的没趣，同时略有点儿智识的人，不愿做节妇，所以向某君的发妻，要了休书，脱离了某君的关系，就到上海某公司做事，经济上倒还宽裕，在两月前，因某公司闭了，她就回家来闲住。平日做些手工，乘兴阅读些女尺牍，浅一点的新出版的杂志，倒很静心在家里修养。素常的闲人，也不轻易接见（为避嫌疑起见）。这样看来，该女平日的行为可想见。

在五十天前，由某君的介绍，我俩相见。谈起身世，我觉得非常可怜她。但她的举动很温雅，不似那些不尊人格的出锋头的妇女们一般。自从那次相见了后，她曾托某君向我说及婚姻问题，我实在难以启口，因为对我个人是非常愿意，但是在其中有许多问题：

（一）年龄上的相差。我今年十九岁，她是二十二岁，相差三岁。我们的迷信说："三岁犯小冲，六岁正冲。"这样一来，恐怕鄙人的家庭不肯允许。

（二）她是一个曾结过婚的人，不是处女。我是一个未结婚的青年，对我个人是不值得一说，社会一班人的眼光认为不当，或许也是不肯允许。

（三）我们的结婚时要弄许多人，打彩轿去迎的。若是寡妇可否仍用彩轿去迎接呢？

（四）若我和她结婚后，社会上人的舆论如何？

我为了以上诸问题曾探问许多本乡的礼教家，他们的议论不定。所以把我的脑也弄昏了，现在特请先生不吝指教。

十一,二五,二十。

〔答〕承示现有友人介绍一寡妇事，兹就所论各节，就敝刊所知，敬答如下：（一）承示对方大三岁，在迷信上论有所不吉，故恐家庭不允云云。查依生理而论，最好男子较女子稍大数岁。因女子易老，但女子略大亦非绝对不可。至女大三岁有所不吉，全属迷信，并无关系。能否打破，须视本人思想新旧为断。（二）对方系寡妇，而足下则童男，恐社会之非议，查寡妇在法律上并不禁止再嫁。至与寡妇结婚，则全视本人愿意与否为断。愚意如足下有决心欲娶对方，而有勇气打破无理由之俗儿，固无关系。如心中仍不免受俗见遗毒，似不必勉强，以免后悔。（三）乡间习俗，结婚时须用花轿迎娶。寡妇可否仍用花轿，当然可用。（四）至如与寡妇结婚，社会上舆论如何，此须视社会中何种人。就普通情形言之，此事完全合理合法，稍有识见者，必无反对之余地。且吾人行事只须于理于法合否，少数无理之议论，尽可置之不理也。

十二，八，二十。

两难

我在未婚以前，很担忧我将来婚后的问题。因为家严已经七十岁了，家慈也有六十多岁了。我又没有兄弟，只有一个阿姊也嫁得很远，我还在远离家乡三百多里的上海做事。回顾家乡的二老，已有风烛之年，本应当去事奉他们才对。但坐守家园，对于前途岂不很难发展么？所以又要出来谋事。

有很多朋友对我说还是早些娶个妻子在家照料照料，那末我呢？对于这些一字不识，不大开通的女子倒有点不满意。至于有点智识和开通的呢，我相信他们一定不肯久居在这冷落荒野的山乡里的。若说搬到市镇上去，家里的二老因市镇上开支又大，家里的田地又无人照顾，所以一定不肯搬出来。

先生，这样不对，那样又不是，叫我怎样做才对呢？请赐南针。

孙礼　十一，十七，六。

〔答〕做儿子对父母诚然应该孝，但是为父母而娶妻，这是我们根本上反对的，依宗法社会的害人观念，娶妻不但是为父母做的，而且是为祖宗做的，所以自己没有娶妻的资格不要紧（此处所谓娶妻的资格，最起码的是在经济上有独立的能力，至于职业、品学、体格各方面都须有相当的程度），而妻是绝对要娶的。依正当的合理的办法，娶妻是娶者本人的事情，本人有娶妻的资格就娶，没有娶妻的资格就不该娶。孙君如有力量把父母接出来事奉，当然最好，如做不到，也只有雇用一两个得力的女仆去侍候他们，自己常常回乡去看看。至于娶妻与否，宜以自己有否上面所说的起码资格为考虑的标准。因为这是你自己终身的事情，不是六七十岁父母的事情。

力促其成

兹有问题一则，谨述于下，敬求明教。

友人方君，有表姊适王氏，数月而寡，以锦瑟年华，遽歌离鸾别鹄之悲，未亡人之身世，已极可怜矣！乃翁姑不谅，以为她命不祥，而薄待之。妯娌辈且以“夫妇齐眉”而骄矜之，凌欺之，冷嘲热讽，使她尤为难堪。不得已，乃忍气吞声，避居母家，以求苟延残喘。父母以彼年方少艾，长此以往，殊非长久之计，意欲使彼再醮，女初不愿，欲守柏舟之操；继念夫家如此，欲归不得，且与王氏，结褵仅一月。（王系商人，结婚甫一月，即就事他乡矣。）伉俪之情，亦甚寻常，殊无为其苦守之必要，乃勉从父母之命。惟其祖母顽固，期期以为不可，方君来就余讨论（时余方养病家园），遂与方君力促其成。今女已离开故乡，而遂双宿双飞之愿矣。惟故乡人士，深中“吃人礼教”之遗毒，对此女固诋毁得体无完肤，而于余及方君亦深致不满，谓劝人改嫁，破坏名节，罪孽深重。此种顽旧见解，殊不值一笑，惟我国“顽固”派如上述之“祖母”及“故乡人士”者仍随处皆是，亲友中之明白事理者多希望先生对于“寡妇再嫁”一问题表示卓见，俾得发聩震聋，倘亦先生所允可乎？

谢励吾　三月八日。

〔答〕谢君对此事“力促其成”，我要把“罪孽深重”四字改为“功德无量”四字。愚意以为除非在二十世纪而却顶着十五世纪死脑袋的人，对于寡妇可以自由改嫁的理由，应该都已明白，用不着多费口舌。不过积重难返的顽固心理仍流毒于社会，却是当前的事实，救济之道，一方面在“明白事理”者之提倡合理的行为，只须合理，便须鼓起勇气与不合理的顽固环境反抗，一方面在提高普及女子教育，使她们彻底明白一个人无论男女是有独立的人格，不是别人的附属品，在精神上铲除畏怯的心理，同时增加她们自立的能力与随着自立能力而俱来的社交能力及机会，在实力上有执行自己主张的本领。

生活的剧变

我也是《生活》爱读者的一个，在《生活》上时常见到先生代人解决疑难的问题，很是钦佩。不料现在却轮到了我的头上，真是不可思议的，含着泪草草的写了一些，恳求先生代我解决一下，不知道先生也能允许我么？谁？我是谁？唉！说来先生一定知道的，就是那惨遭不幸，坠机殒命的殷文龙遗下的一个可怜虫，现在却不生不死的，抚了个生甫十月的孤儿，忧忧郁郁的度着很凄惨的生活。唉！生活！原是生的，活的，现在我们素被人称佳偶的一对，却在一个时辰里，竟变成了一个惨死，一个待毙，说也可惨，假使我也直直爽爽的，在一个时辰里离了这可厌的世界，那倒也是一件快事，既可遇到我的爱人，又可不必多这一番麻烦了！唉！我再思之后，却又不忍，因为我尚有我的重任，他的一个根芽还须好好的培植他成人，使我地下的亡夫也可死而瞑目。

我呢？也可以借此报答他一些对于我的好感。啊！培植！拿什么作培植的资料？现在我所有的一线希望，已经失败，这是谁都知道的，使我更是可惨可急。所以我将过去未来的生活，写在下面，请先生指教。

过去！

我自问世以后，一直到了那年出嫁，倒也不知道世间有什么苦乐之分。十八年的十月间，那天我俩喜冲冲的在上海结了婚，过了几日，忙碌碌的整理新妆，乘着轮船，很快乐的，双双搬至汉口，实行过那快乐美满的新家庭生活。从此他是仍然很勤恳的在外面工作，年入，倒也可万余金，不过因他的负担很重，所以也没有多大可以积蓄。我呢？在家里为他助理家政，到了假日，或是晚间，就陪伴了他，在外边散散步，有时逢场作戏的，出去玩玩，当作一种公余的消遣，或者就在家里谈谈。说也惭愧，因此博得我们汉口的亲友，差不多没有一个不是美赞我俩的。说他什么少年英才啊！又是什么一对佳人啊！种种受人的夸奖，我也说不清楚，总之，我还记得，最普通而最常听得的，就是说我俩的前途幸福，真是不可限量的。这时的我，当然也深自庆幸的等待将来了！他呢？倒也时常自以为满的说着我怎样怎样的好。记得有一天，恰是星期六，他照例的在下午就回来了，我很欣喜的迎了他进来，他就卸了外衣躺在沙发上，面前堆满了各色的报纸，椅子上面为他放了一些糖果！我就陪伴他坐在旁边，谈谈说说，忽地他笑着说道：“啊！我俩现在是这样的相爱，设我被人抢了去，那你怎么样呢？”这时我很正色的答他：“那我是不愿意的！”他道：“那末给你一百万银子呢？”我道：“不！”他：“那末一千万呢？”我总摇着头说：“不！那末你倒愿意的么？你又怎样呢？”他笑着说：“我也不愿意的，我一定会逃回来的，哈！哈！”后来到了去年（十九年）十一月间，他为了公事，须到上海一行，这时我的分娩日子快到了，所以他公私两难的迟疑不决，终至急公弃私的决然来申。动身的那天，见他面现愁容，对着我说了无数的抱歉。我们很清早的送他上了飞机，只见他招了招手，就凌空的升机飞去了。到了下午，接得他的来电，知道他已很安然的到了目的地。从此差不多每天来信慰问，过了几天，小儿真的临盆了。他得了这个喜讯，很快乐的寄来一封家信，接信的那天，正是我产后的三朝（最后的一封信），函中又对我说了很多的歉意和挂念，知道他得了个儿子快乐得手舞足蹈，并且约定了星期二乘机回来（就是七朝回来）。那时我就切盼光阴的速逝，到了这天，叫好了汽车，准备家里的人坐了前去迎接。不料尚未出行，他的哥哥得了一个电报，就对我说，他尚有未了之事，今天不能回来。这时我已经失望。到了晚间，看他们很匆匆的动身返沪，说是别有要事。这时我却被他们蒙蔽得忧疑万状。我也别无他法，只得等待信来，才知究属何故。唉！可怜我日以待暮的望着，日不睡，夜不眠的，过了今天待明天，这样一天天的过去，我的心里不知道怎样的难过。到了每天下午，终是伸长着颈子，听着绿衣人的自行车鸣，原望着他带个讯来，却终是不得，这时我心中愈待愈急，足足的望了一月，那日已是产儿满月的日子，我就不自禁的窃阅了一封由上海家里寄来的信。啊！天呀！真是天崩地裂般，使我哀痛欲绝，原来我早夕盼望的一个，已经不辞我而去世的了！霎时间，我身临着这家破人亡的消息，我也早已魂飞魄散，泪如泉涌，几疑我是否是在梦中。想我送他动身的时候，不是一个健而壮的，目送着他依依的离我吗！唉！那里知道这就是我们夫妇的最后一见了！后来我便乱取了一些东西，抱了个褓中的孤儿，伴着一些家人，又值大雨倾盆，隆冬天气，更觉得凄凄惨惨的上了轮船，回到上海，先生！我的前后相形，太可怜吧！

现在！

一个少寡，一个幼孤，谁都见了酸鼻。那末，我呢？当然是个背人私泪，忧忧郁郁的，度那黑暗的生活。从前还是痴心呆想的望着他回来，唉！现在眼见这个没父之儿，活泼泼地一天天的长大，可是我把什么培养他成人，使他成为一个为父吐气的后代呢？所以不得不替这孤儿向航空公司办交涉，不料竟毫无结果，唉！先生！我已将过去的和现在的生活大约的告诉给你了！以后的生活，那是我所茫然不知如何的了，我也不知道应该怎样的过去，才得重见光明啊！恳请先生指教。

月芳　廿年，十，五，晚。

〔答〕这封信，我们承月芳女士于六七月前就寄来的，当时因为讨论国难的文字拥挤得很，所以记者仅尽其思虑所及，另函径复女士，未付刊布，最近想到此信，觉女士所述悲恻缠绵，为一段人生经过及剧变中甚可感动与同情的文字，并且含有妇女的人生观及妇女解放问题等等要素，所以要把这封信提出发表，并略加以简要的讨论。

女士的身世，我们觉得无限的同情，但飞来灾祸，事已至此，在女士个人方面虽不免悲伤，但徒悲无益，须于详慎考虑之后，拿定主意想定计划做人。关于经济方面，须就实际情形在可能范围内筹谋。关于精神方面欲求人生兴趣之恢复，我以为须力谋社交机会及社会服务机会之获得，其主要途径大概不外两种：一为入校求学，一为加入相当的职业界，或先求学而后就业，或不再入学而即就业，宜就个人志趣及机会酌定，总之要借此避免孤守凄楚寂寞的家庭，加入意志相投的伴侣知友的快乐群中去。

以上仅就女士个人着想，由此推想到女子的人生观，似有更重要的意味。爱人永诀，无论男女，在心理上都不免有极惨痛的一个时期，但在男子尽管惨痛，并不因此而遂觉其一生从此葬送，在女子则独有“未亡人”或“待亡人”之感，即好像从此一生完结。我们各有其独立的人生价值，各有其为人群服务的责任，应无分男女性别才是，为什么做女子的便为着一人之不幸死亡而必从此葬送自己一生的前途？这种不合理的女子人生观如不打破，妇女解放永是空谈！

这种人生观之根本改变，不但女子自身负有责任，社会制度方面亦负有很大的责任。其最重要的是女子教育的普及与提高，女子经济自立能力之增加，社交机会之增广，职业机会之开放，都足以改变女子在社会上的环境与地位，由此影响到她对于人生的兴趣，而不致再局促于狭隘的人生观中过凄惨孤寂的非人生活。

仇人做夫妻

五年前当我在日本留学的时候，在那里结识了一个日本的女友，人很活泼，性情也很温和。先由着友谊而渐渐谈到嫁娶，经她的家长同意，在前年带她回国，就组织了小家庭，我俩感情极其融洽，到现在并添了两个小孩子，所以感情益发浓厚。

“九一八”事件发生以来，我感觉到日本的横暴凶残，无所不用其极，一转念到我的妻子也是日本人，现在日本是我们的仇人，那里有反和仇人做夫妻的道理呢？所以每次回家脸上终是愤愤地，而且家中所有的日用器具和一切差不多都是仇货，看在眼中，益发触动了我愤懑之怀，时常无故捣毁器具。我妻见了，心里却非常明白。曾对我说：“我知道你这几天为了祖国，所以才这样，不过你得明白，我国人民并不是个个怀抱野心，他们也很热望着和平，只有那几个穷兵黩武的军阀，在那里逞凶吧！并且我俩的感情，已经维持到这许多年数，不能因着这次的事情，而发现裂痕，所以你也得原谅我的苦衷。”我听了她这一番解释，虽有几分近理，但是我胸中终横梗着“日我仇也”这一句标语，并且脑海中不时映着日兵惨杀我同胞这一幕，所以任她怎样的婉转解释，我终不能恚然于怀。不过假使说要和她离婚的话，我却抛不下这两个孩子，而且她也会因此发生意外事情，如果和她这样勉强的做仇敌夫妻，不特要给外人指摘，就是我也感到对不起祖国的，我几次和同事商量，终得不到良好的结果，所以我才不揣冒昧的陈上这番苦衷，请先生指导我一个办法，感激不尽。

张万隆　四月三十日。

〔答〕我觉得张先生未免有所误会，我们反对日本对我国的侵略，反对以残酷手段及不公正态度对待我国的日本人，并不反对能以和善及公正态度对待我们的日本人。换句话说，我们是反对他们的侵略政策，只要他们不侵略，能以平等自由相待，便不是我们的仇人。倘若张夫人也参加或赞同日本虐待我国的行为，那张先生把她视为“仇人”，还有理由；如今依这封信看起来，张夫人实是一位贤妇，张先生须立刻消除误会，好好的待她才是。至于家里所用的日用器具，以后抱定宗旨不再买“仇货”就是了，不必“时常无故捣毁”它。

勇敢乎?

今天《申报》专电栏内载有蒋梦麟与陶曾谷女士结婚，胡适证婚的消息。内容所载，谓蒋曾经离婚，陶系再醮。蒋报告要点，谓从爱情义务中奋斗出来的一条生路；胡致词，极佩服其勇敢云云。读后颇有感触，愿假《生活》一吐。

在这二十世纪新思潮澎湃的时代，对于过去偶象的贞操观念，诚无所用其崇拜；故关于鳏而再娶，寡而再醮，在我们青年的脑海里，原不算什么一回事。惟在稍带冬烘的我，以为再娶再醮，责虽不必，奖亦无谓；各视情形，行其心之所安而已。因此，情理中的贞操，我还以为有提倡的必要。我对于蒋陶两先生虽都久闻大名，然犹素昧平生。不过朋友传闻，知道蒋已子女成行，而离却发妻；陶则前夫含冤惨死，尚有孤雏二位，正待抚育，而亦抛却不顾。在这种情形之下，一个再娶，一个再醮，而胡先生犹称佩其勇敢，我诚有点怀疑。我想子女成行的家庭，至少已有很久夫妻的情义；一旦另结新欢，竟恩断义绝，弃之如遗；在身负高等教育重责的蒋先生，岂其无疚于心？陶虽青年寡鹄，情有堪悯，但在泉骨未寒（其前夫惨死仅数年），遗孤待抚之时，而亦抛却一切，自图欢乐，问心当亦难安！这种在个人是不顾恩义，忘却责任，疚仄于心的事情。在社会则弃妇孤儿，诉苦无从，更有难堪的惨景。然而胡适先生对此竟以勇敢称佩，岂欲人多造些社会悲剧耶？值此思想混淆，是非颠倒的时代，青年人正彷徨歧途，莫知所归。胡先生是当代的思想家，又是青年的导师，一语所及，影响甚大，愿胡先生慎其所言，并愿闻先生对于此事的意见。

寄意　二一，六，十九。

〔答〕这封信的作者是某大学的一位女教授（她仅许用寄意笔名发表），曾在本国某著名大学毕业，并曾留学美国，她的品学素为她的朋友所敬佩，以她这样的一位新人物，对这件事尚有如此的反感，国内有同感的人也许不少。这件事如视为个人的事情，我们第三者似乎不必多管闲事；如从制度和与社会有关系的观点看去，未尝不可略加讨论。现先将六月十九日《申报》上所登的那个电讯全文转录如下：

蒋梦麟昨在平结婚

北平蒋梦麟今晚在德国饭店与陶曾谷女士结婚，胡适证婚，按陶为高仁山之夫人，系再醮，蒋曾经离婚，蒋报告要点，谓从爱情的义务中奋斗出来的一条生路，胡致词，极佩服其勇敢，谓可代表一个时代变迁的象征。（十八日专电）

我们对于这件事要加批评，须先将传统的观念完全抛弃，专就事实本身加以客观的分析研究，才能得到公允的结论。

作者“以为再娶再醮，责虽不必，奖亦无谓”，我以为此处所谓“再娶”如指寻常男子之续弦，在社会上本已司空见惯，固然没有“责”的理由，也没有“奖”的必要。所谓“奖”，就是寓有提倡的意思，男子在社会上要续弦，他尽可自由做去，社会上的习俗并丝毫没有拘束他，在事实上诚然无须再加什么提倡。可是“再醮”这件事，却有数千年的习俗和顽固的观念把一个寡妇重重包围着，虽法律上未尝不许寡妇再醮，而在事实上仍有许多障碍，所以我在一方面固承认这是个人的事情，愿再醮就再来一次，不愿再醮就不来，在一方面因为嫁娶是人生常态，既有外力（即习俗和顽固的观念）束缚着，使虽愿再醮的寡妇仍只得抑郁以终，实属有违人道，故对于寡妇再醮及愿娶寡妇为妻的人，应特加同情以资提倡。以上是就一般的情形而论，讲到此次蒋陶的事情，当然不是这样的简单，所以要另作研究。

这件事的主角有三位，一位是“身负高等教育重责的蒋先生”，一位是“青年寡鹄，情有堪悯”的陶女士，还有一位是“诉苦无从”的“发妻”。我觉得这三个人里面，最有责备可能的是蒋君，陶女士和“发妻”都是很可怜悯的。请先就蒋君方面谈起。

作者对于蒋君不满，以“蒋已子女成行，而离却发妻”，其理由是“子女成行的家庭，至少已有很久夫妻的情义，一旦另结新欢，竟恩断义绝，弃之如遗”。其实尽有许多夫妻尽管“子女成行”，却终日吵嘴打架，闹得天翻地覆，把子女的多少来作“情义”的有无或厚薄，未见得必与事实相符。蒋君平日对于“发妻”究竟“情义”如何，我们局外人不得而知，但无论如何，这位“发妻”为蒋君而牺牲，这是一件无可掩饰的事实。我并非不问一切的反对离婚，只指出在现在状况之下，中国旧式女子（即新式女子亦有所不免）受离婚所给与的苦痛。现在婚姻制度最自由的要算苏俄，在苏俄离婚非常简易，男女任何一造，如不愿意继续同居，即可单独向登记所请求撤销登记。未登记者并得请求为解除夫妇关系之登记，不必说明任何理由。但我们要知道苏俄妇女在经济上、教育上以及在社会上的地位，都与男子绝对平等。男子固不难再娶，女子亦不难再嫁。在中国的妇女情形，尚不足以语此。故在相当条件未具备以前：即在社会制度未根本改造以前，在可能范围内，我们总希望能减少牺牲。这样在男子方面当然也不免有若干牺牲，但在目前社会状况之下，男子在这件事上的牺牲总比女子为轻，不过愿否牺牲，此权当然操诸个人，非他人所能与闻。

其次蒋君受人攻击的是他所娶的寡妇是他的朋友的妻子。讲到这一点，凡是高仁山君的亲友，也许更觉得不高兴。但是我所要注意的并不在此，因为他所娶的虽是朋友的妻，这朋友已死，他的寡妻既有嫁人的权利，只须果是出于双方的自愿，为什么别的男子可以娶她，她已死的丈夫的朋友就不许娶她？我们若平心静气的想一下，便觉得此中并没有什么充分的理由。我所注意的一点是在：陶女士是否真心自愿嫁给蒋君，还是蒋君用威迫利诱的手段弄来的？这一点在未有确凿事实来分别以前，我们不愿遽下断语。此外尚有一点也颇值得注意，依我们所知道，蒋在南京做教育部长时，他和陶女士的关系就已人言啧啧，在“蒋曾经离婚”以前，在北平就早已和她公然同居，现在他们虽已“择吉开张”，但“先行交易”的玩意儿，在中国现状之下，如成风气，恐怕要“多造些社会悲剧”。

其次请谈陶女士。作者责备她的理由是“在泉骨未寒，遗孤待抚之时，而亦抛却一切”，我们知道高君之死在国民革命军北伐之时，已有五六年，如男子在这种情况之下续弦，必无人訾议，似不必对女子独苛。至于“遗孤”，倘虽再嫁而同时仍能安顿妥适，亦不必因有“遗孤”而遂绝其再醮之路。不过以陶女士之妙龄少妇，即再醮何必选择（？）一个暮气沉沉的家庭内幕缠夹不清的老头儿，旁人也许要代为可惜，但倘若本人确出于自愿而非受人圈套，非受威迫利诱，则各有所好，自作自受，旁人也无所用其不平。

最后讲到那位“苦诉无门”的“发妻”。这位老太婆当然是怪可怜的男性的牺牲者。她如果平日品性不好，待丈夫不好，那她还可以说是咎由自取；倘若她平日确是诚诚恳恳的待她的丈夫，真心诚意的爱护她的丈夫，她的丈夫竟“一旦另结新欢，竟恩断义绝，弃之如遗”，使她老太婆无路可走，当然是更可怜的了。寡妇再醮和娶寡妇为妻，这是我们极表同情的美举，但在这件事里却夹着一个异性的牺牲者，内容复杂，和寻常的情形当然不能相提并论。

对于简易离婚的疑问

上期《生活》《信箱》栏登有寄意女士对于蒋陶婚事的批评，先生用客观的态度，对事实本身作分析的研究，我很钦佩，不过对于你所提到的关于苏俄的简易的离婚制度，我不无怀疑的地方，所以想提出来讲你指教，我并不反对简易的离婚，不过与此制度有关联的附带条件如不同时有根本的改革，每多无谓的牺牲，这一点先生已指出，实值得我们的特殊注意。例如在苏俄现在离婚很简易，男女任何一方如不愿意继续同居，即可单独向登记所请求撤销登记，未登记者并得请求为解除夫妇关系之登记，不必说明任何理由，这不能不算是很简易的了。但同时我们不可忘却苏俄妇女在经济上教育上及在社会上的地位已实际和男子绝对平等，这些便是与简易的离婚制度有关联的附带条件。倘若仅仅有了简单的离婚制度而对于这些有关联的附带条件并不注意，那在经济教育及社会地位已有相当解决——至少比女子为胜——的男子当然可以不致发生什么影响，而在孤苦寡助的女子未免吃亏。我要从新声明一句，就是不要误会我要拥护现在含有许多缺憾的婚姻制度，我绝对没有这个意思；也不要误会我有意反对离婚，我也绝对没有这个意思。我的要旨是要注意整个的制度（即包有关联的附带条件）的改革，始能减少无谓的牺牲。

我在上面所说的不过是申述先生在答复寄意女士那封信里面所已提出的一个要点，还不是我对于简易离婚的疑问。我的疑问是这样：上面所说的有关联的附带条件就是已具备了，但还有一个困难，即依生理上的自然趋势，女子比男子易老，如离婚有那般容易，则女子年老色衰，男子可以很简易的和她离婚而另娶一个少艾，那末在女子虽在经济上教育上及社会上都能与男子平等，可是老头儿可另结新欢，老太婆没有人要，在精神上仍不免痛苦，又怎么办呢？这个问题如得不到相当的解决，像苏俄的那样简易的离婚，仍不能无憾。即就蒋陶婚事而论，蒋固然得到了新欢，蒋所离婚的旧夫人恐怕要终身做活寡了，简易的离婚如果实行，这种“做活寡”的妇女恐怕要大增而特增，不知先生以为如何？

汪志坚　七月二日。

〔答〕汪先生所提出的这个疑问，曾经有朋友也对记者谈过。但我以为这种流弊只有在现在社会制度之下才有，所谓现在社会制度，即女子在经济教育及社会地位不能和男子真正平等的制度；若在女子在种种方面真能平等的社会里，这个流弊便不致有，便不成问题。在现在的社会制度之下，老头儿所以能娶得到“少艾”，大多数的“少艾”无非受他的势利所引诱——假定这“少艾”并非真心爱这个老头儿的话。如男女均能经济自立，均受相等教育，在社会上亦有平等的地位，那末老头儿便没有钩饵可用，结果老头儿只有老太婆要他，“少艾”只肯嫁给她所真要爱的青年。关于这一点，在苏俄就有事实上的佐证。他们有那样简易的离婚办法，依常情猜度，离婚的案件应该特多，但在事实上并不如此，就因为男女教育平等，无论男女均须工作谋食，社会上的地位，不论性别，均以劳动者为最高，男子并没有什么特殊的“钩饵”可资利用。（如有子女，离婚后对于子女亦有经济上的责任，可参看《生活》六卷第二十二期《苏俄的妇女》一文。）当然，我们不能武断说“少艾”绝对没有爱上老头儿的，但总是少数中的少数。回头再讲到蒋陶的婚姻，他们发生关系是蒋在南京任教育部长及陶在该部任部员的时候；一方面是升黜部属可以自由的部长（尤其是在官僚制度之下），一方面是孤苦零仃不能无所依赖的女子。在这种状况之下，虽不能说绝对没有双方发生真爱的可能，但男子的权力和自由实较女子为大，女子很容易处于被引诱或甚至被压迫的地位，这是很显然的事实。

在最近出版的《文学月报》创刊号里，戏剧家洪深先生替他自己做了一篇小传，说起他“生平有几件特殊的阅历”，他说：“第一件便是我头一个妻子看不起我，和我离婚……她有一位堂房姑娘，比她早嫁一个月，丈夫是实缺知县，新娘出花轿便被称为太太；而我呢，只是一个青年学生，离开做官太远了，是免不了使她内心失望和鄙夷……”这是女子把“官”看得特大而要过倚赖丈夫“被称为太太”的寄生虫生活的社会里，当然有这种怪心理，但在女子在种种方面可与男子分庭抗礼毫无倚赖必要的社会里，洪先生便得不到这样的“特殊的阅历”了。所以我常感觉有许多罪恶是制度造出来的，我们要改造一般的人性，须注意根本改造制度。

胡适先生确当否？

阅二十六期《信箱》所刊《勇敢乎》一文，为寄意女士因蒋陶结婚时胡适先生以证婚人资格，许为勇敢，而引起反感。特函请先生发表意见者，其主题当然是因为“胡适先生是当代的思想家，青年的导师，一语所及，影响甚大”，恐因此为“多造些社会悲剧”，故请先生一论是非，以正观听。乃先生于书后答辞，虽洋洋数千言，文笔生动，观察明确，极尽分析社会病态之能事（固然对蒋陶婚事已是发挥得很透彻了）。然对主题之“胡适先生称为勇敢确当否？”竟无只字道及，实有违寄意女士致书之意，岂因胡先生为先生之挚友，故置而不论耶？抑或胡先生已洞悉内幕，果然值得称为“勇敢乎”？我们在未明真相“不愿遽下断语”以前，暂时丢开此“内容复杂”的蒋陶婚事不谈，只问先生：胡适先生之称佩“勇敢”确当否？请先生抽暇答复。

闻友蓉　七月九日。

〔答〕记者答复寄意女士那封信的时候，不过略倾对于蒋陶婚事的意见，并未将“勇敢乎？”当作题目来做文章，且以篇幅关系，故未涉及“胡适先生之称佩‘勇敢’确当否？”一问题，且以胡先生所批评既为蒋陶婚事，那末若将关于蒋陶婚事的是非弄清楚，则胡先生的批评也许可以不言而喻，今既承闻先生特别提出，记者亦不妨再略附管见。

胡先生仅提出“勇敢”两字，原有些滑头意味，因为“勇敢”本身原无善恶之分，慈母不顾其身而救她的爱子是“勇敢”，强盗临着杀头大唱《三娘教子》也是“勇敢”。“勇敢”是一事，是否合理，是否道德，又是一事。不过胡先生既称“极佩服”，大概偏于善意的居多。如就善意的“勇敢”说，我以为也许有一半对：陶女士如果出于真爱而非出于威迫利诱的再醮，在现今社会习俗及一般顽固心理之下，仍非具有多少“勇敢”不可；至于蒋氏，身居所谓要人地位，当今之世，原可无所不为，“勇敢”与否大可不成问题！

最后记者要对闻先生声明的一点，就是执笔评人论事的人，最重要的是公正的态度，“挚友”不“挚友”并无关系，胡先生虽是记者所认识的一位朋友，但我绝对没有偏袒他的意思。

久在喉咙里

溯自贵刊出版以来，鄙人亦为爱读之一，我现在有一桩久在喉咙里，说不出来的一件难事，求先生代我解决，想先生德高学广，教人有方，当不拒却我也。

我是一个软弱无力无助的贫苦女子。自从出了母胎，托庇于椿荫萱草的自然怀里，享受双亲的慈爱，在我的生平历史上，只占了一小半，其余一大半的生活，都是飘飘荡荡，无所依归。

为了叙述这件事，不得不将我的家境状况略述一下：

我家是世代书香，自从父亲去世后，母亲就日夜悲哀，郁郁不乐，以致旧病复发，不久也弃了我俩而独自飞舞于仙境了。这时伴我爱我只有我亲爱的哥哥，他是一个性情温和，默默寡言的一个有为青年。父亲死后，遗下来的财产，除作二老葬费外，所余无几，幸有我哥哥勤恳耐劳，努力供职，故未借贷与破产。

我自从十六岁毕业高小后，就进一所教会办的产科学校去半工半读。谁知不到一年，就有一个美籍医生来恋我，他只有廿余岁，医学也很精通，人品性情也合我意，平日待我很厚，尤能专心教我医学学识，他先向我求爱，继向我求婚，我因年幼识浅，就与哥哥商量。孰知哥哥不赞成，并说："'非我民族，其心必异'，他现在看你年轻，固然爱你，异日年老，难免抛弃，且国际结婚，设一旦遇有事变，应受何国法律之裁判？所生的子女，取得何国国籍？"我记得有一位菲律宾男子欲与美国女子结婚时，被美国政府闻知禁止，结果一对亲爱的鸳鸯只得无条件分散。先生，为什么美国政府禁止本国女子与菲人结婚？中国女子——尤其是广东女子——嫁给别国男子，为甚么中国政府不禁止？先生，设我嫁给他以后，将来遇有事变，是否仍受中国法律之保护？产生小孩，得取何国国籍？

末了，我谨以一颗热心，敬祝《生活》进步。

萧芳英

〔答〕婚姻应以双恋为基础，原不必以国界为限，例如我国亦有人娶外国女子者，我以为此类事无所用其提倡，亦无所用其反对。若《一位美国人嫁与一位中国人的自述》书中所述的章卿与麦葛莱女士（此书所述全系事实，章卿虽非真姓名，但其本人曾在南洋大学担任过英文教授，还教过记者英文，故知之特详），我们见他们俩之情深义厚，大有海枯石烂此志不渝之慨，未尝不愿他们有情人得成眷属。惟普通心理，以娶入为便宜，嫁出为吃亏，故曾闻某君坦然的说，“一位美国女子嫁与中国人”，我还要看看，倘若是“一位中国女子嫁与美国人”，我便不愿看。其实这种偏见，并无充分理由为根据。美国人禁止本国人娶菲女，亦无理由可说，全属种族成见，我国政府不禁止本国人和外人联婚，我以为却是合理的态度。总之我对于国际婚姻，以为无所用其提倡，亦无所用其反对，只须两方本人有彻底了解，出于双恋，则无论本国或国际，都是个人的问题，应由个人自己选择。但萧女士之令兄所虑固亦不无理由，盖外国男子视离婚较中国人为轻，而外国女子因多能自立，且离婚后易于再嫁，故亦视离婚较中国女子为轻。今以中国女子嫁外国男子，此种危险似乎较大。惟此层亦视男子个人心地如何为断，倘择人不慎，则抛弃之事，即中国男子亦未尝无之。故此事在女士第一点须自问是否已彻底深知其人之品性心地等等；第二点须自问万一有抛弃之事，是否仍有自立能力而不至陷入不能自活之苦境。如此两层无把握，愚意以勿贸然为是。至女士最后所询两点，简括奉答如下：（一）遇有事变，如在外国，当然受当地法律裁判，如在中国，在领判权未收回以前，美人仍受彼等本国法律裁判；（二）子女国籍从父。

一度之诱惑

兹将吾友孙君所感之痛苦及其发生之原因略述如下，敬请赐教，无任企盼。至友孙君为鄙人总角之交，近肄业于沪校，时相过从，极爱好；惟彼自去年回里完婚后，忽改常态，平日悲愤抑郁，达于极点，遇事颓丧，活泼之少年一变而为愁苦之学生，异而询其故，彼终不肯吐实，后经余再四诘问，彼始告我，盖彼自结婚后曾侦知彼之夫人在未嫁前不幸受人一度之诱惑而失足。夫此等事件值今日新旧潮流激荡之际，原不足为异，亦不必置怀，但孙君思想颇固旧，以为此等事件实使彼蒙莫大之耻辱，几无颜立于人世。初原拟即时提出离婚，后以种种顾虑，致未果行。今年夏彼夫人诞生一女，将近数月，彼之夫人性情甚和蔼，面貌亦颇悦人，对于孙君凡事无不百依百顺，如承顺之羔羊，依人之小鸟（此数语为孙君自述，非鄙人所知，特此声明），孙君对之又颇有怜惜不舍之意。在此情形之下，如不离婚则孙君精神上之痛苦不能减除，如提出离婚，则颇多困难。（如抚养新生之女及离婚后孙君夫人之再嫁问题等，至经济方面，因孙夫人系中学生，将近毕业，或不至发生重大问题。）究应如何办理，望先生代为一决，无任感祷。

王腾苍　十，二十四。

〔答〕这封信里所说的孙夫人，与上期所登黄见秋君所述之“觉悟了的她”似乎相类，而所处的境地尤为可悲可怜。读王君所说的情形，深觉孙夫人实不愧为温柔和婉的贤妻，在孙君应知他是二十世纪一个文明世界的男子，应有理性，应有义气，应有心肝，而不应做野蛮时代的顽固残忍心理的保镖者。闺房隐事，最易造谣，原未可轻信，即退一万步认为确属事实，如此贤女不幸遭匪人一度之诱惑，在真知爱情为何物者犹当深加怜惜与爱护，而况她现在对于孙君真挚纯爱；孙君不知享受这样的蜜意深情，反而“悲愤抑郁”，甚至忍心想“提出离婚”，真是十三世纪的人（十三世纪为史家所目为“黑暗时代”），不该生在二十世纪！这种荒谬的态度，除打破他的谬误心理外，似无他法，王君既是他的“总角之交”，“极爱好”，实应负尽力开导婉劝唤醒之责。

那知不能如愿

我是一个懦弱的女子，我是旧式婚姻制度下的牺牲者，因我在幼时就凭了父母之命媒妁之言，将终身的幸福完全葬送了！那时我住的地方，风气还没有十分开通，我虽想极力反抗，但为羞耻心所蒙蔽，竟没有这样的大胆和勇气。到了十九岁那一年，就被我所不愿意的人家掳劫而去，我当时还想，假使对方能如我理想中的人，也未始不可发生爱情。那知不能如愿！在婚后的数年中，我竟坚决的不肯和他发生关系，还想根本解决，但因知己的戚友大都是劝我的人，仍旧鼓不起这样的勇气，以致不久就屈伏了。幸而他的性情很好，处处肯顺从我的心，不致发生激烈冲突。我有时自己恨极了，拿他来出气，他总说我脾气太大，其实他那里晓得我的心呢！这样情形，在形式上无论什么人都以为我们爱情很好。我有时想想，这事也不是他害我的，全是旧式婚制的毒，我也不能专和他作对，所以我也待他很好，不过我心灵上已深深的有一条伤痕，时刻感受精神上的痛苦。我早想一死了事，但因家里还有年老的父母，只有我一个女儿，我又是生了几个小孩，竟到了死不得的地位。现已万事灰心，天天过那不高兴的日子，我最懊悔的，就是当时没有勇气反抗，以致贻误至今，忽已八年，这是我最痛心的一件事。我又没有能力可以经济独立。左思右想，不知如何是好。我屡见先生替人解决难事，很为佩服，此事关系我的一生，胆敢渎请指教，还是忍痛成全的好呢？还是根本解决的好呢？务请明白解释，感激不尽。

李翠英

〔答〕我们看了李女士的来信，觉得她的“最痛心”是由于心理方面有所“蒙蔽”，并不是物质方面或待遇方面有什么实际的苦痛，所以我们极力要劝女士在心理上有所觉悟，便不至“万事灰心”，现在敢就管见所及，分条奉答如左，其中有许多话并要希望其他有相类情境的男女同志加以注意。

（一）据李女士信中所说，“他的性情很好，处处肯顺从我的心”，可见“他”是一个好人，而女士还觉得不满意的是不能如她“理想中的人物”，关于这一点，我们要想想世界上能完全合于“理想”的事情及完全合于“理想”的人物有多少？我们做人于可以求进步的地方当然要精益求精，不可知足，而在这种地方，并且是已成事实不易改变的事情，如必悬一个最高的理想，实属自寻苦恼！

而且我们在这种地方还要自己平心静气想一想的，是我们自己是否是“理想中的人物”，不可专从对方人物想。我们和李女士虽无一面之雅，但照李女士的文字和思想看来，当然都很可敬佩，不过女士的“他”既然是“性情很好”，似乎还有平心静气从己彼两方面想一想的余地。

（二）其次一点，李女士似以婚事全由父母作主，深以为憾。关于这一点，我们以为也须分别看去。从前做父母对于子女的婚事不征求本人同意，专凭偏见横蛮进行，甚至置本人的抗议于不顾，这当然是我们所反对的。但是在此过渡时代，对于父母代主的婚姻，不问理由及对方的好坏，一概反对，这也未免太过。像李女士的婚姻，虽在八年前由父母作主，但对方既“性情很好”，似乎不必因为是由父母作主，便深以为憾。

（三）我们以为择偶约有两途：一是由本人择得，再由父母作顾问，共同观察商量而后决定；一是由父母亲友帮同物色介绍，同时要由本人视察考虑，由本人作最后的决定。我们以为在这过渡时代，男女社交尚不极端自由，本人选择配偶的机会太少，第二种途径也未尝不可采用，因为既由本人观察考虑，由本人作最后的决定，和老式的偏面主张，已经不同，似乎不必一概反对。

以上是指未订婚而将订婚者言，就是已由父母订婚，倘不问理由及对方的好坏，一概反对，也可不必，宜先将对方的品格学问打听明白，或提出相当可行的条件，使对方履行，非不得已时不必离异。若毫无条件，从未调查而反对，未免不近情理。

以上两段，当然和李女士已嫁的事实似乎没有十分关系，我们不过因为来信商量这类问题的很多，所以乘此机会提出来谈谈。但是我们对于未订婚及已订婚的态度如此，对于已嫁娶的态度也是如此，换句话说，李女士的“他”，从前虽未经她的同意，但现在既有可取，不必因为是由父母代为物色的而悒悒于心。

（四）我们做事或思考，要从可能范围内前进，若明知事实上已不可能，便不必去瞎想，便当毅然决然的丢开，否则便是自寻苦恼。李女士已嫁了八年，就是现在能爽爽快快的离婚，以女士的自己的情形与中国目前社会的情形，能否找得一位“理想中的人物”？简直可以武断说是不可能。这一方面既然不可能，而女士的“他”又待她很好，我们以为女士不必想到什么“根本解决”，应当“成全”；而且只要女士心理上的“蒙蔽”揭开，并不能说是“忍痛”的成全，因为“他”待她既很好，并没有什么实际的“痛”要“忍”。至于“精神上的痛苦”，不外上面所说的“不合理想的人物”及“父母主婚”两点，只要女士把上面所说的意思，平心静气想一想，便可把精神上的痛苦除掉，欣然过她的愉快生活。

（五）最后我们还有一点要奉告李女士的，是她的“他”经过她的八年的“脾气太大”，仍能“处处肯顺从我（即她）的心”，是一件很不容易的事情，人心是很容易变的，女士倘再不体谅“他”，一旦使“他”心灰，或因此失望而“乱来”起来，倒是一件不幸的事情，不可不慎；况且“有了几个小孩”，要小孩受得良好的家庭教育，先要有了仁爱和蔼的家庭，所以女士为爱儿计，也要力祛自己心理方面的“蒙蔽”，养成愉快和悦的精神。

出于意料之外

我是一个受过教育的人，在美满的青春，已享受到人生的幸福，在我渴望需求异性的时候，我便和一位初中毕业的D女士发生了恋爱，在几个月的时期，爱苗亦已长成，不久便各诉胸中之藏，而宣布结婚。婚后，甜蜜的生活，维持了一年多之久，最近这不幸的发生，真出于我意料之外！

我妻（D女士）由家庭中各方的观察，我可以断定她是一定爱我的，例如我上半年经济不宽，家中无用人，家中各事都由她一人负责，她绝无怨声；同事中夫人，衣服都着得很漂亮，常常去看影戏，而我妻一次全无，她也不怨，我对她表示惭愧，她反而真诚的安慰我，使我从心中发出感激的泪，不自觉的流出！

此外还有许多例子，可证明她是十二分的爱我，但是最近的她和从前的她，真是相隔天地了！

在两星期以前，我从前的一个同学A，他到上海来谋事，要求住在我家，我慨然允许，那里知道，错了这一着，就发生这大大不幸的事！

他来我家两天，他们便很亲热，起初我并不见疑，以为她招待的手段，后来越过越不对，我开始见疑，并且我亲眼发现他们喁喁私语，或互相对泣；邻人又对我讲："他们还要接吻呢！"我听了这种揶揄的话，真是惭愧得无地可容！一顶绿头巾，无形中戴在我的头上！

我因为保全我们的友谊，对于他并没有相当的表示。（你们要笑我懦弱的动物罢！诚然！我决没有这种勇气！）从此他的胆子更大一点，并且在我可以看到的地方，他们居然亦有亲密的表示！

在我沉思三点钟之久，我决定对我妻子管束，我仍对他无表示。晚上，我对她恐吓、软骗，都做到，但她始终很坦白地不承认，我的疑心已去一半，她又哀哭，我最后问她："你还爱我吗？"我讲这话很宏大，她紧紧的搂抱着我"我……我永远地爱你！"编者先生！当时不禁被她所克！

明天，我的疑心又起，我不得不对他下逐客令，但我和他总是好朋友，很难启口；这使人意料不到，她忽然道：

“如果你不好意思的时候，我来对他讲！”“那倒不必！”我说，我这时深以为她觉悟了！

在这两难的时候，忽然一个天从人愿的事发现，就是他已谋就一事，立刻搬出我家，我暗暗地庆幸，“好了！”在临别的时候，她又现出分别难舍的态度，我不自觉的妒火中烧。

“A君又不到远方，何必这样！”我这样说。她已知道我不快活，忙放下笑容来同我声辩。

在A走了之后A接连来了几封信，第一封，是感谢我们的，此后几封都是给她的，在三封信里面附着他的照片（在她的袋中看见的），我问她，她是这样的回答：“做纪念的，有什么关系？”在两天之后，她又收到丝袜、衣料、化装品……我问她，她总是这样的答：“你现在怎样变得这样会疑心，爱啊！这是朋友送的！”

有一夜，在两三点钟的时候，我偶然醒来，看见她埋头写字，我偷偷地起来看了一看，她是在那里写信，我恐怕她发觉我。所以我没有看清楚，但我可以断定这封情书，一定写给他的！我回到床上，火冒万分，但我不愿翻脸，仍然耐住我的火；一会儿，信写好了，她又对信吻了几吻，又赶快掉过头来看我，我连忙装做假睡。

隔了两天，她这天，起得很早，很匆忙地换起新衣服，化装起来，我也不理，照例做我的工作，等到晚上九时我回家时，她还未归，在半夜的时候才发现她在我的身边。

“你今天往那里去的？”

“看影戏！”

我力装着平时的镇静，把这事妈妈虎虎的过去。

最奇怪，她越同他好，对我也格外亲热。

编者先生！我处于这三角恋爱中之一角，先生你有何法替我解决呢？我自己也想得三法，请先生指示我，或者先生能在这三种之外，有更好的一种，也望指示。

（一）警告她同他。（二）与他决斗。（三）我离开此地，听凭他们罢！

先生，你看那一种好呢？望先生登在贵刊上，我就感谢万分！祝你精神愉快！

先生恕我不写明名字和通信处，谅先生也知道我的苦衷罢！手酸了！眼花了！恕我不能再写了！

艾斯　十，三十一。

〔答〕艾君这封信所述的情形很奇特，我们代为仔细想了一下，觉得D女士也许在未嫁之前和A君就已经是好朋友，或甚至有过恋爱的意思，否则以素昧平生的人，何至在“两天”里便能“很亲热”，甚至“喁喁私语，或互相对泣”？倘若这一点猜得不错，那末D女士也许一方面对A未忘前情，看他们那样“互相对泣”，也许从前还有过“私盟”而她中途改变初志，看见了他觉得不无内疚，所以善与周旋；而一方面对于艾君既“格外亲热”，可见她也许还是偏爱于艾君而并无去此从彼的心意。试听她在事后还对艾君说：“我……我永远地爱你！”“做纪念的，有什么关系？”“你现在怎样变得这样会疑心，爱啊！这是朋友送的！”又她一觉得艾君“不快活”，便“忙放下笑容”，来同艾君“声辩”，又“始终很坦白地不承认”，这种种似乎都可以证明她“还是偏爱于艾君而并无去此从彼的心意”。至于她“有一夜，在两三点钟的时候……埋头……在那里写信”，也许不过是写信安慰失恋的旧情人，因为鉴于艾君“变得这样会疑心”而未敢赤裸裸的公开。

上面说了一大拖的话，不过根据艾君所述的情形而略加猜度，倘若猜得对，我们当然要向艾君道贺，不过她的一颗心究竟怎样，我们旁人当然不能下绝对肯定的断语，因为这个缘故，我以为艾君且慢“警告”，且慢“决斗”，也且慢“离开”，先要彻底求得真相，换句话说，就是先要彻底弄明白她的一颗心究竟怎样。如何能彻底弄明白她的一颗心究竟怎样呢？这当然不能靠“猜度”，应该开诚公布平心静气的老实问她一番，要弄得她肯把心里实话说出来。如何能使得她肯把心里实话说出来呢？这全视艾君问时的态度和措辞的方法。艾君如果一心怕“一顶绿头巾”，好像逼她的“口供”，那就“恐吓”也好，“软骗”也好，都难于听得她的实话。他应该很和平的对她说：“我以为婚姻是基于双恋的，不应基于单恋，我虽现在仍是爱着你，但近来看你，举止行迹，很觉得你是恋了A君，A君也恋了你，这样看来，你们成了双恋，我却退为单恋了。倘若这是实际的情形，请你老实告诉我，我决不肯从中作梗，也许经过我们的同意之后，我和你爽爽快快的离异，让你去嫁A君，免得彼此精神上都感受说不出的苦痛。”（这当然不过是大意，词语能说得更婉转恳切更好。）这样一说，倘若她真有意于“去此从彼”，正合其意，大概就要顺水推舟，把实话说出来。如这样彻底询问之后，她仍是“始终很坦白地不承认”，可见她是出于诚意，艾君可以不必再疑，不过可和她说对于好朋友应有的

“亲蜜”限度，因为男女做朋友的亲蜜总有相当的限度，过于亲蜜（例如丢着丈夫在家，独自一人跟着一个男友深夜在外之类），也许要弄出一时不能自主的毛病来，如她有这样彻底“不承认”的表示之后，艾君一方面还要对A君问个明白（仍须很和平，不可“火冒万分”，否则也难于听得他的实话）。也可以用上面的意思问他的；如他也“不承认”，那当然无问题，如他竟“承认”，可见是单恋，当加以切实“警告”，并可告以她所明白表示的态度，使他断念。

如果询问之后，艾君的她竟承认有那回事，艾君又怎么办呢？我以为可分两层讲：（一）A君既是艾君“好朋友”，他的性情品格，艾君想知之有素，如果觉得那个人靠不住（此处所谓靠不住，是指始乱终弃一类的事情），应该尽力劝她回头，如已尽心力恳劝，仍属无效，只得听之，任她正式离异。（二）如A君和她彼此确是出于真诚的爱，艾君对她确是处于单恋而无从恢复双恋的地位，那又何妨爽爽快快的任她离异？（这一层也许是身历其境者所不愿做，我不过发表愚见以供参考而已，并无强艾君执行的权力，说说也无妨。）

辑五　法律与疾病

异姓承继问题

今以敝友王君身经一事，据实以告，务恳先生以法律之立场，加以详明之答复，则不胜铭感之至。今述事实颠末如左：

王君父母，均出身望族，家道富裕，有兄弟姊妹六人，君现年念二岁，肄业于上海交通大学土木科。十七岁时，过继于同乡李姓，且与李姓之女订婚，由是遂改名李玉璜，名含王字，所以纪念本生也。嗣后移居李姓家，一切费用，由李姓负担焉。二十岁时，由李姓主持，而在李姓家结婚。

王君自十七岁入居李姓后，凡李姓方面一切事务，皆由王君与李女二人之名义代表之，惟王李二家，居于亲戚之地位，王君亦时归省其父母。

李姓颇富有，为王君之同乡，只有一女及其一祖母，女即王君之妻也，此外惟有同高祖而无同曾祖之辈（以女推算）。

女之父亦曾投身民党，富新知识，民国五年逝世时，立有证明备案之遗嘱，确定其女为唯一之嗣续人，承继其所有之遗产，并嘱云：“招一贤良之婿，入赘我家，改立李姓，所生子女，永为李氏之子孙。”

王君过继与订婚时，有过继文书，双方各执一纸，其中要意云：“立过继约某，因李某乏嗣，凭绍介人某某二君，将次子某某过继于李氏，改为李姓，题名李玉璜，将来由李氏家长主持，赘与李某之女某某为配偶，又李姓须供给其一切学费等用度，以竟其志愿。”末由各关系人签押，而李女之签名上加“过继订婚人”字样。（此约口气为君之父，另有一纸为李女祖母之口气，惟要意皆同。）

王君婚后一月，李女之祖母即去世，王君夫妇为服三年丧，主持丧务，讣闻上署名承重孙某“孙女某”，指王君夫妇也。承重者习惯只有一人，惟以李氏族人不甘王君一人署名，由王君夫妇二人同意，始揑造此空前未有之名目。

今欲问者，异姓乱宗，为现仍延用之民律所禁，王君究居于何种地位？上述之过继约在法律究有何根据？目下李氏族中，不论高祖以内或高祖以外，并无一嫡生之男丁足为嗣子，则为现行律上所举祭祀问题，究应如何办法？王君之地位究有几种法益？各种法益之程度若何？若王君不可在讣闻上署承重孙，则女子是否可以单独署名？

十九，一，二八。

〔答〕承询之事，兹谨答如下：（一）王君为李姓之义子，亦可为李姓之赘婿；（二）义子赘婿，均为法律所许；（三）王君无论为李姓义子抑赘婿，均应尽祭祀之义务；（四）义子赘婿，虽仅能享受酌给财产之权利。但年代已久，族人并未出而争执，亦有享受全部财产之可能；（五）讣闻应如何署名，法律上并无规定。

十九，二，十。

立嗣问题

现在我有一桩法律的事情，要请教你。某乙兄弟二人死时，都没有儿，用了四十吊钱雇了一个堂侄丙暂且领葬。后来他的哥哥甲，已有了儿子丁了（独子），现在丙已经死去，他的儿子是戊，乙的妻刻下立嗣一定要戊，究竟应该要戊或要丁呢？这个问题是：（一）丁系独子。（二）戊与乙妻乃系祖孙，辈分不当。乙虽有子，七岁就死了。（三）丙是佣雇性质，有字作证。

请你用函答复我，再者乙妻已经定了嗣戊的书券，但是乙的妻亲外亲完全没有到，就是最近的族长也没有到，这个书券后来能否发生效力否？

十九，二，十五。

〔答〕解决此问题，先有两点：（一）丙是否乙之族中堂侄，抑为异姓？（二）丙究竟是否入继与乙抑仅为领葬？若丙为异姓又未入继，则乙妻可以丁立为嗣子，若丙为族中堂侄，且已入继与乙为嗣子，则不能再以丁为嗣子。

十九，二，十七。

押　租

兹有恳求指示者，为友人设肆于首都，不幸邻人失慎，致被波及，房主即借口房屋被焚，不退押租（按押租约四百元）。据房主云：房屋被焚，不退押租，为法律所许可。奈鄙人无法律常识，房主此种行为，究竟是否为法律所许可，不得而知。且平时房主取租，房客营业之盛衰，在所不问。一旦被焚（并非自己起火），房主竟吞没房客巨大之押租，揆之情理，殊有未合。倘若竟为法律所许，则亦无可如何，为此特函陈先生赐教，以释疑团，俾便有所遵循，毋任感祷。

十九，三，十三。

〔答〕房屋被焚，不退押租，在法律上未见有此规定。就法律论，如房屋焚毁之原因，由于房客之故意或过失，房主仅能要求赔偿损害，并不能吞没押金。

十九，三，十九。

被人诬陷

我是贵刊常年读者之一，素来对于贵刊的宗旨，极为钦佩。我现在为了恋爱的缘故，不幸发生很悲惨的事，被人家陷害，现在不远万里，来请求先生的急救。

我是在盐务稽核所内服务，民国十六年九月间，从浙江调到某省某处，在路上结识了一位异性朋友。她是一个孤苦而很天真的女子，她因为从小没有父母，受人家的逼迫及诱惑，几乎害了她的终身，我同她二人，现在都在囹圄之中。

她初到某省的时候，因为没有安身的地方，就寄宿在带她来的那个王子英的家里。王子英对她，很有野心，当时她困苦的情形，比贵刊所登载《一个女子恋爱的时候》里面的尼尔的未婚妻，住在丁恩家里，更加痛苦。后来我替她在一个耶稣教堂里，找一个安身的地方，她方始离开了危险的王家，所以王子英对于我同她二人，都恨之刺骨。

王子英现在在某省总司令部充秘书，兼在党部办事，所以有点势力。本年六月里，我从某处又调差到浙江宁波去，经过某省的时候，王子英就趁此机会，告诉宪兵司令，将我们二人，一同逮捕，转送市政府押起来，到现在已有八十多天。仅在初来的时候，很简单的问了我们一问，大约只有三分钟的时候，又没有原告到案对质，其他各关系人，也一个都没有到案，上月里听说市政府已判决我十个月的监禁，判她六个月，但是王子英还不答应，不肯甘休，非要叫市政府判决我们二人三年的徒刑不可。我们在这样远的地方，没有亲戚朋友帮忙，只得束手待毙。我对于法律的常识，极为缺乏，真是一筹莫展。王子英既在他的势力范围以内，晓得我们的弱点，所以越发不肯放松。他还有一个目的是在金钱，但是我为了这件悲惨的事情，已经失业，在这样远的地方，将来回家的旅费，还没有着落，如何有钱供给他呢？如果老是这样隐忍下去，那是危险非常，贵刊对于男女结合，素来主张绝对自由的，现在那个毫不相干的王子英，借势来欺害我们，我虽然晓得在法律上，是万不应当如此的，但是没有帮助的人，以致呼冤无门。贵刊的法律顾问陈霆锐大律师，是国内最著名的法律家，我现在要请求先生，转请陈大律师指导我，有什么可以伸冤的地方，及一切进行的手续？我虽然请教过几位本地律师，他们在这种黑暗情形之下，不能受我的委托，我现在预备到中央政府上诉，因为此地是在王子英的势力范围以内，一切进行的手续，恳请先生转问陈大律师，再通知我吧！这种麻烦的恳求，我要请先生格外原谅。

十九，九，十四。

〔答〕足下不幸受此冤屈，深代惋惜，敝刊自得来信后，即代转交陈霆锐律师，现已得复，惟辗转延时，未识足下已否出所，至以为念！实以路途遥远，所谓远水难救近火，深以为歉。兹据陈律师来函，据云：以诱拐嫌疑，市府不转解司法办理，显属非法，应呈请省府纠正，请求将案移送当地地方法院，就地请律师辩护。若至沪地延律师，鞭长莫及，实属爱莫能助云云。

妻妾的遗产分配

现在有一个问题，很盼望先生能够给我一个完满的答复！现行法律上不是有一夫一妻制的规定吗？但是社会上能够实行的有几人呢？住洋房坐汽车的阔人不必去说他了，就是中下人家的也何尝不是右拥左抱的居多数呢。到这里我便发生疑问了，假使他们一旦死后，他们的妻妾生下来的儿子，在法律上对于遗产的分配能否站在同一水平线上呢？如果说“嫡出”与“庶出”的都应当一律看待，那么对于一夫一妻制说得过去吗？既然是有一夫一妻制的法令，则对于两夫妻以外的结合，自然都是非法的了。而在非法结合之下所产生的儿子，在法律上还有他的立足点吗？如果照前面说来嫡庶出都应一律看待的话，是则无形中已承认其结合为合法了，这样又岂不是与一夫一妻制互相矛盾吗？假使反过来说，承认庶出的为根本非法，无享受遗产权，则又岂不是将会引起社会重大的纠纷。对于这个问题民法上有明文规定吗？请先生有以告我，并为我解答上文。

又阅《学生杂志》十七卷第十号答日本横滨王仁圣君问：“未嫁女或已嫁女能不能当一个儿子而有享受遗产的权利。”答：“未嫁及已嫁女俱有享受遗产的权利。”关于这点似乎在什么地方看见说只有未嫁女才有享受遗产权，已嫁女并无之。未知孰是？还请先生答复！

一，十九，二十。

〔答〕现在采一夫一妻制，故夫妻以外，凡纳妾及姘识，均谓非法结合。然此种结合，仅为男女两方本人之非法举动，而与其所生之子女并无关系，不能因父母为非法结合，将其子女应得之权利，一并剥夺。故前清现行律规定妻妾所生之子，得同等享受遗产。奸生子则减半，而最近颁布之民法亲属编规定，非婚生子（即妾及姘识所生之子）经父认领者，视为婚生子（婚生子即妻所生之子）。皆此意也。而所谓一夫一妻制者，即夫妻之外，不认有第三人可以得夫或妻之权利而已。再已嫁女亦得享受遗产之权利，请参考十八年八月十九日公布之已嫁女子追溯继承财产施行细则可也。

一，二四，二十。

父子关系

余有一法律问题相询，未知能乐为详解否？今设有一李某嫖妓院，与某妓发生肉体关系，而生一儿子，大约一年以后李君与该妓缘绝而断。该妓则仍操其业，而该子则由该妓抚养。后该妓曾另与赵某及张某同居，该儿则随其母，而曾改易其姓氏。儿十六岁时，母亡故，张某为之营葬于其家园，而该儿则离张家，而返其母族，即该妓之母亲，而为儿之祖母处，妓固稍有积贮，遂由祖母收领保管，辛苦经营，负教养该儿之责。时李某见孩儿已长大，而母已亡故，遂思收为己有，惟李某与该妓同居，尚在该儿初生之时，故儿并不识李某，李某以儿称该儿，并时以零星小数给该儿另用，并曾一度补助该儿之学费，智识未充，可怜尽人可父而无亲近之妓家子，遂亦以父返称之；惟仍居于祖母家。儿十九岁时，辍学自立，就职他埠，差堪自给，遂担负其祖母之家用。李某闻之，遂俨然以父自居，致函该儿，以为儿不应无父，而只有祖母，应给彼同样之月贴，与夫送终之责，否则以法律解决。惟祖母年老无靠，自必依该儿为活，而儿初就业，供给其职业所在地之家庭，并在上海之祖母之家用，已见拮据，故实无力再津贴第三者，亦初不料李某之如此，因始终无以李某为父之意。盖妓家之儿，何人为父？父殊众也。惟李某意，近二年内，余固与有抚养之功，而儿以父称我者也，故为父。惟儿意，则二年之另星化费，固有限，何必以之为饵，如该李某无钱，何必给彼？况李某实无钱，则当初何必挟妓挥霍，有钱则何必斤斤于该儿之月贴，此实浪子无赖，穷途敲诈之举动，故宁愿返其二年内有限之数目而绝之，不愿以钱买父，遂将见于法。

上述系此案之详情，该李某与该儿，有否法律上之父子关系否？易言之，即妓女与狎客生子，狎客与该子有否父子之关系也。此亦社会与法律问题之一，未知能予一圆满之答解乎？

三，五，二十。

〔答〕父对于私生子须经认知后，始发生父子之关系，父之认知私生子，其母虽得以否认，然认知并无一定之手续。而认知时私生子及其母既无异议，日后未便再行反对，察阅来函，该儿与李某已否成立父子关系，须就事实证据论定，不能臆断。

三，七，二十。

复 籍

我是生在台湾的青年，现在二十岁，曾经尝过日本帝国主义者治下的苦头和耻辱，所以我自从前年返祖国求学后，即刻加入台湾的革命（或称反日）的团体，拟尽我救国责任。但是我因为是日本籍，常常要受日本人的压制，我因为寄三民主义及各种革命书籍回家给家人友人，被日人罚了不少钱，并且还有密探来探我们的行踪，所以虹口等处有些不敢去。我现在想复籍（即退日本籍复中国籍），免得陷入日本人的毒手，如果现在能够复籍，我从今以后，就可以中国人名义，自由回去，做我所要做的反日工作，然而不知复籍的手续如何？无从知道，所以请先生指教。

三，十五，二十。

〔答〕照国籍法第一五条规定，若于中国有住处而品行端正有相当财产或艺能足以自立者，经内政部许可，得回复国籍，而回复国籍之手续，应声请住居地方之该管官署转报内政部备案，并由内政部于政府公报公布之，详细情形，请参阅国籍法及其他施行条例可也。

三,二六,二十。

遗　嘱

敝友某君，素有肺病，近日深沉，思预写遗嘱，以其所有私财之大部，移赠予公团。只因病势进退无定，最后之五分钟，至难预测。若发表太早，而病久不变，则因维持生计及其他关系，或须将内容随时变更，出尔反尔，既多不便；而不肖族人本思染指者，因此又必失望怨恨，虽不能公然反抗，但寻事缠绕，足令病者徒增烦恼，亦非所宜。如不先发表，则临时仓卒，易受蒙蔽，隐没图吞，尤为可虞。请律师保管，则内地难办，外埠又无相知，亦难贸然从事。现拟预写遗嘱两份，一份留至临时发表，一份委托极信任而公正之至友保管，至期公布，以谋万全。惟写立之时，既无第三者作证，而至友时远出，临时未必能在场，万一临时发表之一份，为人串同吞没，则仅由至友发表，能生效力否？可免纠纷否？鄙人爱莫能助，用敢不揣冒渎，敬请指示一一，俾有遵循，感同身受！

五，二七，二十。

〔答〕遗嘱可由遗嘱人自由订立，但应提出二分之一为特留财产，给与日后之遗产继承人（所谓二分之一，连祖遗财产及私财产一并计算）。如遗嘱妨害特留财产时，超二分之一之数目则无效。照现行民法，遗嘱之方式有数种。而自书遗嘱亦其中之一，且不必有证人列名。若不能自书有二种：（一）须有二人以上之见证人，由公证人代为书写；（二）须有三人以上之见证人，至公证人由律师或法院书记官及领事充之。贵友如能自书最妥，即临时发表者，被人吞没，即将朋友保留之一份发表，亦能有效。

六，二十，二十。

典　产

有人说："照现在法律，凡典产三十年——或六十年不回赎，原产主已失其所有权，而受主可没收其全部典产。"确否？

刻有友人胡君，谈起其祖父在世时，受抵一产，迄今三十八年，本利未归，且原产主音信全无，究竟现在住居何处，也无从查究，不过只剩得几个中人的下辈。当时典价二百元，照现在产价估计，大约此产现值七八百元，单契齐全，四至也很清楚。在受抵之第十四年后，回了十五块钱的利息，且把典据收回，改了四张期票。不过在期票上是载明典契已收完，所有单据日后回赎时，必须交与本人，或其至戚某君，但是现在中人的下辈中有一个，想掉枪花，赎去变卖，已经翻了几次花样，胡君始终没有答应。不过将来终不会有好花样弄出来，所以想要照上面所说的法律管产，可以吗？望先生有以教之。

八，十五，二十。

〔答〕典卖与抵押不同，交付典价而占有他人之不动产者为典，对于债务人或第三人不移转占有，而供担保之不动产，得就其卖得金受优先清偿之权者为抵。典产未定期限者，满三十年后，受典人即可得所有权，出典人不得回赎，抵押如约期到后满十五年，受抵人并不追偿抵款，即丧失时效，不得再行追价，但对于抵押品仍得主张抵押权，若再逾五年，仍不实行抵押权，其抵押权亦消灭，依来函所述情形，如为典卖，则出典人不得再主张回赎，倘为抵押，则受抵人之抵押权亦已消灭，至中人之下辈，并非契约之当事人，亦非继承人，当然无取赎之权。

八，二二，二十。

代理期间的酬劳

我认为这是一个颇有讨论价值的问题，事实是这样的。

本邑一个医院，系去年由当地士绅集资创设，基金五万元。聘了主任医师、医助，及产科医生各一员。院长乃义务名誉职，供职异地。遇事商决，每借电信往还。在乡间里有了这样小规模的医院，倒也惠济几许枉死的人命！

今夏，这位主任医师，因为悼亡，匆匆离院，从此医务，全负在一位医助身上了！那时，夏令已届，医务较忙，院长以医助一身，究属莫办。刚巧，新由医校毕业的王君，考后返里，院长临时就请他暂代主任的职务。秋凉的时候，这位主任，从容销假，返院视事，在假期中，他也知道有人代理，所以料理丧事安置子女，很自由的请了“二月另八日”的长假，到院那天，暂代医务的王君，就离开医院，以清职责。

这位主任，先向会计领到二月假期的薪金二百元！对于替代“月半”的他，就这样含笑点首的送别，既没有丝毫表示劳意，更没有致送半文的酬劳。事后，听说这位主任的尊意，代理期间的酬劳，提议由院方支出，自己可以不劳而获的领到全数的“挂名费”，这位曾数度任军医院长的主任，经历想必不少。对于应付此事，胸有成竹，不过预算有数的医院，硬要支出一笔全属意外的款子，自是叫屈不置！致延搁迄未解决。还肯先生指出曲在那方，应怎样解决这种纷纠？

十,二十,二十。

〔答〕承示代理纠纷情形，查此事应视该院向来定章，对于请假人员是否有扣薪以给代理者之规定。如院章上对此事并无明白之规定，则院长请人代理时，应将办法与受代者言明，或须将全薪扣拨，或仅将一部分薪金扣拨。尚有一部分由院津贴，或竟全由院中津贴。凡此数途，应在事前由院长声明。倘并未有何声明，则此事须由院长负责解决。如须由主任扣薪则亦当由院长与医主任婉商也。

十,二三,二十。

属意鄙人

兹有一难题亟待解决，因仰先生高明，特以请教。鄙人受雇某店，迄今六载，极得东翁重用，但翁染嗜好，常不出店，凡有要务，必就其寓面商，因与其第五妾相识焉。妾本良家女，以贫被嫔为妾，虽因年少貌美，最得主人宠爱，但尝延师读书，颇明事理，且有志气，深恨嫁伴衰翁，郁郁不乐，间尝对鄙人泄言及此，辄洒珠泪；近且属意鄙人，曾一再表示，如肯容纳，甚愿孑身相从，俾离苦海。鄙人心怜其遇，极表同情，且因未娶，拟允其请，若将来牺牲一切，亦所甘心。但有两问题未能十分明了，不得不审慎思虑而后行：（一）法律问题，即使我等如愿逃脱，在国内现行法律中未知是否有罪，倘或主人行文相捕，未知可否根据相恋理由反驳；（二）道德观念，此事本乎拯救弱女一念，行其心之所安，原不能与诱拐同论，但想逃后在一般社会必有责鄙人为绝对忘恩负义者。且若主人因此愤恨而死，未知鄙人应否负道德上之责任？因此两因，未免踌躇，敢请先生略废宝贵时光，即在贵刊上示复，愈早愈妙，则鄙人自能寓目领教，因事关秘密，现在不便以住址奉告也。临笔不胜感盼。

郭中　十八，四。

〔答〕这件事郭君提出“法律问题”与“道德问题”，可谓扼要，关于此事的“法律问题”方面，上海本年一月间发生过一件事情，可供参考，大概情形如左：

“北四川路欧嘉路口开设兴隆汽车行之卞鸿声，年近四十，其妾卞朱氏则年只念一岁。卞有学徒沈森林，年念三岁，与之发生暧昧，由汽车夫潘欧仪、孙连三往告卞。惟卞之车每晚做跑狗场生意，故须在午夜一二时归家，遂带沈森林同往，而前晚（一月十五日）沈森林未去，至半夜一时许，卞归家入房，则沈森林已在内，卞即偕潘欧仪、孙连三捉奸，扭控五区三所。昨日（一月十六日）解送地方法院，当奉黎检察官开庭预审。卞鸿声称乃妾与学徒通奸，现有潘欧仪等为证。检察官云：‘现行法采一夫一妻制，如果是妾，则丈夫没有告诉权。’卞朱氏即声称：‘原有本夫，在宝山路开煤炭号，因与卞鸿声于未嫁时即姘识，故后来请律师登报与本夫脱离夫妇关系而从卞，昨晚并不与学徒通奸，因一人寂寞，唤学徒来谈谈。’沈森林亦否认通奸，当据潘欧仪、孙连三等证称‘我们去捉奸，他们袜尚没有穿好！’问官当问原告‘该妾是否系勾诱而来？’卞答‘是’。检察官遂大加申斥，以自己诱奸有夫之妇而作妾，虽被告等无耻，然原告自己本人亦非安分，法律不为不正当结合之人保障，一场趣案，就此告终。”

这个案子里的情形，和郭君的事实固然不是完全相同，例如那位“第五妾”非由“勾诱”而来的“有夫之妇”，郭君也并不像这位“沈森林”之实行了“发生暧昧”，但有一点很明了的，就是丈夫对妾无告诉权。这一点似可供郭君的参考。不过我们不赞成“逃脱”，那位“良家女”如年在二十足岁以上，依法婚姻有自主权，倘若她果有嫁给郭君做正式夫妇的决心，应该具有勇气光明磊落的和那位“东翁”设法脱离关系，然后光明磊落的和郭君举行正式婚礼。那位“良家女”既不愿做妾，而郭君又“未娶”，如男女两方诚有彻底的了解与信任，出于两方本人自愿而正式结婚，这是光明正大的事情，男女两方均应理直气壮，以光明磊落的态度和百折不回的勇气做去，即社会里面的腐化分子不免发生反感，只须自问合理便是，依法依理，都不怕没有话说，若鬼鬼祟祟的“逃脱”，自居于“贼伯伯”的行径，倘若“东翁”硬说你们俩偷了多少东西卷逃，出赏捕拿，反而引起社会的怀疑。事情不正当就不该做，如认为正当该做的事，便不应这样鬼鬼祟祟。

其次要谈到郭君所提起的“道德问题”。如果那个“第五妾”原来和那位“东翁”很要好，而郭君用“勾诱”手段分拆他们的结合，则郭君对于他，照常情说，诚不免内疚。倘若是那位“第五妾”自己感觉精神上的痛苦而求援于郭君，郭君自信能负得起卫护她一生幸福的责任，不是因她目前“年少貌美”而取悦一时，那末“本乎拯救弱女一念，行其心之所安”，固不能与“诱拐同论”，在记者认为非但无损于道德，而且含有义勇。

“东翁”对“第五妾”既最为宠爱，一旦听说她要脱离关系，“愤恨”必不能免，不过他娶了五个妾，专一真切的情爱大概是他所不知道的，不过气一顿罢了。“死”大概是不会有的。郭君如果真是出于“拯救弱女”的动机，“东翁”不自量而“死”，亦顾不得许多。婚姻应绝对出于两方自愿，如果那位“良家女”不愿从他，他便不应该强迫她，强迫便是他的错，他不自反省自己的错而气死，那只得说是该死！

不过最后有一点我却要请郭君注意的，就是郭君在决定实行之前，请先自问有无实行此事的能力与勇气。我在上面所说的话是平心静气，用超越传统观念的公正眼光看去的。在不免受传统观念的拘束而胸中先具有偏见的人听了也许不免摇头，而且我颇信社会中有此反感的人们也许不少。换句话说，郭君如实行此事，也许要引起“一般社会”——至少是郭君所接近的社会——的反感。最先爆发的当然是“东翁”要请他卷铺盖，使他陷于失业的困境。这种困境，郭君自己有无能力应付？在现今社会组织之下，欲享到愉快的家庭生活，不得不有相当的经济自立能力，这是事实，无庸讳言的。郭君即得和“良家女”“有情人得成眷属”，但拖她同受失业之苦，也不是办法。这一层郭君来信并无供给我们研究的材料，特提出促郭君的注意。所谓“能力”是指物质方面而言，所谓“勇气”是指精神方面而言。这种事情大概必不免受“一般社会”的反感，我在上面已经说过，所以就是物质方面已无问题，没有勇气的人也不敢反抗“一般社会”的逆流。

我们自问是合理的事情，原不畏反抗“一般社会”的逆流，但要反抗，必须具有相当的能力与勇气，然后才有胜利的希望。郭君此事能否获得胜利，我以为也须看他自己有无实行此事的能力与勇气。权利与义务常须并行，要享到相当的权利，必须负得起相当的义务。

堂兄妹

我们现在有一个问题委实不能解决，如果先生能加以指导和答复，则感德无量。我们所要解决的问题就是“堂兄妹结婚”的问题，也就是社会上一个要待答案的问题。多少人为了“堂兄妹结婚”的问题，受尽了社会上的讥笑。终至勇者就因受刺激而改变“他”和“她”的本性而增加了社会上的罪恶。懦者不是“逃迹空门”，也是随伍大夫而去。这是多么可悲的事！我们现在要请先生代我们解决这个切身的问题，就不得不把事实先讲一下：

我们是堂兄妹（同曾祖的），从小就在一起念书，我们经过了十多年的一起，爱苗慢慢的长起来，这是不可免的事实。我是受过了二年的大学教育，而尚在继续求学的人，她也在中学毕业过的，并且经了这样长时间的恋爱，所以尚可以自信到我们的恋爱尚不至是“一时情感的冲动”。我觉得在日本或西洋cousin的结婚是一桩很平常的事。生理方面不见得有十分的关系，血系上纵使复杂一点，但是“同曾祖的兄妹”和“中表的兄妹”比较起来总可算疏远点。假使“中表兄妹”可以结婚而“同曾祖的兄妹”当然更可以结婚的，这是我们根据的第一个理由而认为我们是可以结婚的，请先生指教，以为可否？

我的家庭是闽省中的一个大族，曾祖和祖父都在逊清的时候做过大员的，所以这种家族的子弟除开做了“孝子顺民”之外，只要有一点要推翻旧社会旧习惯的行为，“有玷家声”的罪名是不可免的。我们的父亲都在美国留过七八年的学，他们的思想虽不见得旧，但是他们为了大家族“众议可畏”的缘故，对此事始终反对，这一点先生可否代我们想个法子。

我们现在能够结婚，当然是唯一的愿望，不然也唯有效“弱者”的行为罢了！我们现在请求先生代为解决的事情可以归纳一下：（一）堂兄妹的结婚，我们看生理方面是没有问题的，你看怎样？（二）历史上有例可援否？（三）假使（一）（二）两条是可行的，那末如何办法？如何可以使我们的父母改变了“他”“她”的思想而和我们站在一条战线上向大家族挑战？（四）假使（一）（二）条都是不可能的，那末如何办法？假使我们当中的一个过继给我们异姓的舅、姑或是姊，而后结婚，免除恶社会上议论，这个“换汤不换药”的办法是否可行的？请先生直直截截详详细细的赐一个办法，是就是“是”，否就是“否”，勿作模棱两可的答复，就感谢不浅。

杨仁钢　十八，六。

〔答〕依我国法律，同姓不同宗的还可以结婚，同姓而又同宗的便不许结婚。杨君的“我们”既是“堂兄妹（同曾祖的）”，共为同宗无疑，则结婚是无疑的违法。既属违法的事情，无论杨君提出任何理由，除非我国法律关于这一点有所更改，在事实上是法律所不许的。至于杨君所提出的“换汤不换药”的办法，在法律上也是行不通的。这样看来，我们以为杨君的唯一途径，只有忍痛“割爱”。

杨君说“我觉得日本或西洋cousin的结婚是一桩很平常的事”，但据我们所知，同曾祖的堂兄妹结婚，也是各国法律所不许，并非中国独异。所以这件事似不能专咎中国的“社会”和“大家族”。中国的“社会”和“大家族”固然有许多缺点，但是和这件事是不相干的。

心中彷徨无定

余患遗精已阅一月，或数日一遗，或连日遗泄。梦与无梦，并而有之；自己发觉后，总不是被暖，即是小便甚急之时。遗后身体不觉十分疲乏，惟觉胸次稍有不舒，眼边深为陷凹耳！询之同学，咸谓不治，则恐有后患；询之校医，谓遗精非是大病，无足忧也。余聆此二种持论之余，心中彷徨无定，而不免时觉戚戚焉！伏念贵刊对于读者之询问，必有详为解释者，故不揣冒昧，陈于先生，而待解释以下之质问：

（一）遗精究为大病否？

（二）遗精病中医以为肾亏肝火旺盛之表示，西医以为起于脑神经之作用，二者理由以何者充足？

（三）遗精病之自疗法为何？又请为介绍能治此病之药品一种。

（四）运动可免此种征象否？

〔答〕按遗精如非用手淫促成，而属于自然者，并非病象。其来由如下：男子小腹内膀胱之后，介于膀胱与直肠之间，有管二，粗如小指，内贮蛋白质之液，即天然所备滋养精虫料，当性交之时，二管所贮之液即注入尿道中，与从睾丸而来之精虫相遇，合成之物是曰精，精之体量中此液占三分之二，但此液非为元神之液，惟自睾丸而来之液乃为人之元液。后者如被妄耗，则伤元气；前者则当青年正在发育时代有时因贮量太多而于睡中泄出，乃属天然调节之效用，使性欲不至激发，并非病象，故一月中如不过一二次者，丝毫不必恐惧，即偶然再多一次者，亦无碍，只须出于自然，而非由于手淫或淫念促成者，尽可置之不理也。倘二三日一次，则大概由于人工斫伤，当力自禁止，其方法在消极方面，最主要者为勿看诲淫之小说书报；在积强方面则以多运动为主，每夜宜有相当运动，使四肢血液充足，则主持色欲之下脑不至易受冲动矣。如因病象太深，有意服药，宜就可恃之西医诊治，开给镇静脑筋之药，沪上有医生备有高密电流治疗者，闻效果尚佳也。

十八，十一，廿五。

结　舌

我有一件事，要求教于先生。

我六七岁的时候，我家中有一个奶妈，她是一个结舌的。我的不幸，也就在这个时候开始了。

在我那时候是很玩皮的，什么也不懂得。无论什么，好学别人。我的结舌，也是同这位奶妈学的，不到半年，学得已经算是很像。我当时不知有什么利害，就也不去改他，直到前年，才知道是不好的，但是想改也改不好。我并不是舌短，我知道一定可以改好，不过我是不得其法，现在求先生教我一个方法，改去这个毛病，除去这个痛苦，那就是我不幸中的大幸，当感恩不浅矣。

十九，一，三一。

〔答〕足下口吃事，系属习惯，并非生理上原来有何缺憾，故无药可用。欲改去此习惯，惟有遇人谈话时，存心从缓，勿急于短时间内说出多量句子，时常如此留心，当可渐渐改去。

十九,二,十三。

一桌吃饭

我现在有一个很难解决的问题，想请你圆满的答复我一下。我因为听从了尊长之命，所以现在服务于旧式商店里。有一个同我一桌吃饭的同事，是患有肺痨病的人，所以我见了他避之惟恐不速。但是到了吃饭的时候，没有法子，只能同他一桌吃着。有时常常他把筷匙在口中含含，菜里捣捣，旁的不要去说，这个他岂不是要把痨虫传染给人么？但又不能赶掉他，叫他不要同我一桌吃饭，又不能叫我不吃饭而让他吃。唉！这真叫进退两难了！先生，这件事封于生活上，很有密切的关系，请你把圆满的预防法解答我一下吧！

十二，二六，二十。

〔答〕承示与患肺病者，须同桌用膳，有何方法预防。查此病如自己体格强健，较难传染，至预防方法，既在一处，只得在可能范围内设法预防，如与渠言语时至少须离开三尺。随时当心，至吃食时，既不能分桌，则可将自己所用碗筷等分开，如能另谋相当机会，即可脱离此店，固属更为彻底之办法。故足下目前一方面自己极力留心预防，一方面留心其他相当机会，多托亲友介绍，多方进行，较易办到；但在未得机会前，如有经济关系，不宜轻弃原职，以免进退两难也。

十二，二九，二十。

脑　钝

我现在足十九岁，乃觉着脑太低能，记忆力既不良，而思想复迟钝。在校对数理等科，往往常人一思即解者，而我则总难了解，且脑部常觉不适，有时竟或作鸣。这样使我于读书的兴趣，精神及效率，无形中不知减却多少，甚为焦闷。按家父及叔伯以及堂兄、弟、姊、妹等，皆具高等智力，惟我则否。

亲爱的先生！不知有何方法弥补这个愚钝的脑筋么？还有，我的视力渐渐退步，眼睛现淡棕黄色，日光中不得张开，时或生痛流泪，且有黄色黏质，不知有何法医治？

十九，五，一。

〔答〕足下记忆力迟钝，恐系身体衰弱所致。身体之强弱，固与脑力有多少影响，故尊见诚有一部分之理由。惟愚意足下尚可不必因此而遽抱悲观，盖各人擅长不一，或性近数理，或性近文学，或性近自然科学，或性近社会科学，宜各依本人性之所近者研习，则兴趣易增，事半功倍。故短于此者，或可长于彼，殊不必因短于数理，而遂自信一无所长也。今足下尚在中学求学，中学部功课，大概均为普通科，将来升入大学时，更有选科之必要，故目前当先作一准备。如于数理一科，性不甚近，则不妨尽我心力为之，但求可以渡过中学之一阶级，不必如何求精。同时却宜时常经细察自己除数理外，有何比较可以较易学习或较多兴趣之科目，而特加注意。俾为将来中学毕业后，选习专科之准备，此点希望足下注意及之。此外每项学习时间宜短，所习分量宜少，宁愿分为数段时间习之，俾有相当之休息，勿使每次时间过长，则记忆力或可略有进步。一面宜注意身体健康之增进，可多食富于滋养料之食品，并作相当之运动或往空气新鲜之地散步，使身体渐强，则脑力亦可因之而强也。承示眼睛流泪，倘不过日犯近视，则可配眼镜以助视力，今眼现淡棕黄色，恐患沙眼或其他眼疾，须速就可恃之眼科医生检视治疗也。

十九，五，五。

失　眠

我的姊姊是个多愁善感的女子，而且柔弱得禁不起一点刺激，往往为了个小小的问题不能解决，便要在晚上彻夜的不眠。自从去夏失恋了以后，她的心灵中感觉到空虚，很急切地需要一种安慰来填补它，但一时怎能办到呢？因此，她又彻夜的失眠了。为了经济的艰窘，不得不照常去授课，同时，又增加了一层经济压迫的痛苦。她的心中愈急，晚上的失眠愈利害，迁延复迁延，差不多已有十个多月了。虽经中西医生的医治，可终不见丝毫的效验，在最近的二月中索性停止了。很奇怪！她仍旧能够天天起身，饮食也不见得如何的减少，而且外表上没有什么病的状态，不过月经已有半年多不来了。照她自己的直觉，一定没有生的希望的，她常常这样的说："我已这么多的时日失眠，心血已经干枯了。蕴积着的郁气，好像固体似的塞住在胸头，就是用精神的安慰也不能消散的了。”我想一个人的心血干枯，决不碍生存的。但我举不出几个铁证来动摇她的根深蒂固的观念，先生，你能根据医学上为我举几个例吗？并且在这个时候还有没有救治她的方法？

十九，六，二十五。

〔答〕因失恋而患病，其中病源，更形复杂。不知失恋之原因如何？倘能成全好事，必可减轻病势，或竟豁然全愈。故此事惟有一方面极力安慰，一方面请可恃之医生疗治，同时更从基本原因设法补救，此外亦无他法可以贡献，至以为歉。

十九，六，二十八。

缠脚遗毒

我之慈母，现年五十，年来备极劳苦，体质素健，幼时因染了万恶封建缠脚遗毒，完全小足，但近十年来，所受其恩惠是脚痛。此病起自三十岁左右，每至国历一二月严寒冰冻（废历下冬），两脚必火热为针刺之痛，愈冷愈痛，外形未红未肿，寸步难移，然乃时或用尿浸或用豆腐贴（豆腐贴至一小时后揭下，如成纸衣），尚可稍减其痛。惟目今五六年中，已年趋沉重之境，用豆腐贴，用尿浸，咸失效力，痛至剧烈之时，足不落地，食不下喉，必捧双足而哭。先生！慈母受此苦楚，为子者见之，其能忍乎？至内地医院医生，皆已看过，无病可名，无药可医，旁人皆云，虚弱望下，然亦未敢深信，且无对症之药。至双足放大，又不可能，我已力劝数次，奈慈母对于旧礼教信仰极深，且言小脚者，非我一人，何以不痛，其痛苦悉付之于天命。素仰先生慈善为怀，力之所及，必设法代人解除痛苦，故特奉求先生，可否于医药专家中，代征良方，如能得痊，脱此苦海，则感激万分矣。

一，六，二十。

〔答〕两脚热痛，下垂时较剧否？臆度情形，或因血之循环阻滞而起，应随时将两脚搁高，外用安福消肿膏Autiphrogistin（美国货，中国尚无制者），日人仿制者名Exihos，隔水温热，就热时涂布上包痛处或可有效，如热膏不能堪，冷者亦可。

一，十九，二十。

满面汗毛

鄙人有一女友，年仅念龄。满面汗毛，粗者如男性之胡须。以丝线拔之复发，且拔且粗，甚以为虑，前见《妇女杂志》中卫生顾问曾言及胡须可用电气破坏其毛根，未知可否依法破坏。但又不知究用何种电气，经何手续试验，电之危险最大，诚不敢轻试，惟望先生有以详细答复是幸。

十,九,二十。

〔答〕承示某女士面部汗毛甚多且粗，有何方法疗治。敝刊特代询医学专家。现已得复，据云：用药拔毛，仍能生长，用电去根，确系可靠办法。法名Elektrolyse译为电分析。倘有相当设备，决无触电危险。

十,二一,二十。

宿妓一次

鄙人于前黄花节假曾同友人三四至扬州一游，因为友人所嬲，宿妓一次。妓年仅十六，据云操皮肉生涯只年余，但全身均无疮痕，且乳部尚未十分隆起，似非完全发育者。鄙人年方二十，而又从未经此，不知此中利害。返宁后一二日，尚无若何变化，不过小便时觉尿道内微痛，然此种现象，因于平时受火热时亦有之，故未置意。自上礼拜起，生殖器内，即有如浓疮之液体流出，至今不止，且觉较前增多。粘裤后，干时即变成深黄色，而小便时极感痛苦。未知此是否淋病，抑为其他毒菌侵入，及为传染梅毒？鄙人因自不谨慎，受苦实罪有应得，但求医购药，殊未敢轻信。素慕贵刊济世利人，敬此函恳，务望给与指导，及给与诊治方法，俾下疾早痊，则感激无涯矣。

十九，四，八。

〔答〕足下受友人之愚，不慎与妓女同宿，致受毒菌，深代惋惜。据来信云，该妓操此生涯仅年余，惟妓言殊不足信。既得有此现象，无论淋病或梅毒，决为受毒无疑。际此入毒未深时，宜速就可恃之西医检验病状，速加疗治，万不可延误，否则甚为危险。良好医生，当有职业道德，足下既患此病，万勿以怕羞而不实告，当老实详言，免至一误再误。此病除速诊外，书信往返，无从效力，至以为歉。

十九，四，十。

辑六　杂类

永远结不成朋友

现在我有个疑问请先生指教。我每每听见朋友们说“交友必须择他的品行和学问一切都胜过于我，才可以和他们交”，我听了朋友这句话，并且想起孔夫子说“无友不如己者”，又古人说“不可独学无友，孤陋寡闻”，但是对于这至理名言颇有些怀疑。我想譬如有甲乙丙三人，甲品行和学问都臻上乘，乙比甲次些，丙又次些，因此丙想与乙交友，乙想与甲交友。在这样的情形，无非是希望自己的学识得随之增进，但是甲的心目中以为乙的品学不如自己，就不愿和他为友；乙对丙或者也是差不多的心理。那末在这个状况下，岂非学识高低的人永远结不成朋友了吗？

我们学识薄弱的人，走出学校以后，得不到益友的切磋，全仗自己研究进步，就很慢了，或者还要被社会牺牲，日趋堕落。

〔答〕交友当择其特长。人各有所长，所谓如己者，非事事皆能及己或高于己，但择其有一二特长可以辅益我之所不及云耳。在我方面亦须有特长以益友，特长虽彼此可以互异，然不至彼此均无所长，则为益友矣。譬如甲之特长即乙之所短，而乙之特长或亦甲之所短，故交友当各取其特长，欲交良友，亦在徐徐物色，同时不妨多阅有益书报，亦可增进智识，等于尚友也。

十八,六,廿。

大异畴昔

近常接友人自南洋群岛来书，询及目前国家大事，其最要者如下列三端：

（一）近来吾国之青年较诸前数年者，不啻隔世，盖前数年之青年学生，对国事非常热心，遇政府有施行欠妥者，即予弹劾之，监督之。乃今之学生，非独对国事无所过问，抑且置国事如无事，询其何故？默不答言，有答者皆谓人心不良，世事日非，叹息不已。更有多数青年学生，日惟有沉醉爱海，一若国之将危以先享其乐为快者然，是吾常曰今之青年学生又恢复二十年前之情状矣。吾等以为救国全在青年学生。今观斯况，反不若华侨商人之热心；奈何！望有以教我。

（二）回忆当北伐军出发时，不数月而两湖两江垂手而得，斯时也，革命之精神，充遍遐迩，革命之呼声，吓倒列强；而海外华侨声气益振，设党部以集会以宣传三民主义，帝国主义者已不敢干涉，且有敬意。数万侨民得此荣幸事，皆欢喜万状，以为吾国将强而不致再被外人欺侮矣，是以凡国家欲捐募款项，侨民莫不乐以捐助，虽穷苦如工人，如流浪者，亦愿助捐数盾，以表爱国之心。不意二年以来，大异畴昔，帝国主义者，不独欺侮侨民有加无已，而且不准设立国民党部，禁止教新时代之书，苟有违者，即行驱逐出境，其辱吾国，欺吾民，莫此为甚！数百万侨民以为国家太平，反不若往昔北伐时之国家混乱，甚为奇怪，故入党者少，怨党者多，且有已入而退出者，而不甘再缴党费者，其对于国家之希望，完全由忧疑而失望。苟有捐募款项者来，众则裹足不敢前，畏之如狼虎，虽半元亦不肯出矣，问以何故？惟欷歔而已。嗟夫！当年党部门前华侨之热烈呼声犹在耳边，为何今日已如隔世之凄凉，党旗国旗均不敢高挂！

（三）闻今年五月五日开国民会议，华侨当有代表出席之权，但英荷帝国主义者，不准代表返国。侨民无法，只叹弱国被欺应该事耳。虽然，华侨代表不能返国，而政府曾亦无甚表示，彼外交官者，若熟视而无睹，就驻英荷之领事亦充耳不闻。顾侨民亲受帝国主义之压迫，比诸国内人民远甚，是以华侨爱国之心，亦不低于国内人士，今者已选出之代表而无法出席参加，且政府亦不过问，其悲恸何极？

上之三端，为吾友急欲吾回答者，惟吾愚陋，不能答复，若迟迟而不答，则其望之殷，将不知何极？乃敢将此事，请先生答复，素仰先生解释疑问，不惮烦难，或不以此举为怪。

五，五，二十。

〔答〕承示询及各节，今就所知，谨贡鄙见如下：（一）承示学生昔日热心国事，何今日之漠不相关，前后不同。此或因我国数年来战乱频仍，而建国大计又非可一蹴而就，青年学子，见十余年来之中国仍然百孔千疮，未免灰心，此固人之常情，无足为怪，其实灰心并无济于国事，生既为弱国之民，只有各尽其能，努力干去耳，关于此层，请参阅本刊五卷第四十期《无乐观悲观之可言》一文，当更明了。（二）外人对待海外华侨所以前恭而后倨者，固完全以我国国势为转移，当革命高潮之初，外人或不免有所惊动，数年来外人见我国尚未能完成统一，走上建设之路，故一变昔日之尊敬为轻视，咎由自取，欲雪斯耻，亦唯有全国上下努力图强耳。（三）又示外人之禁止华侨代表出席国民会议，政府置而不问事。“弱国无外交”此或为现今政府力量所不及，或政府现方无暇顾及而又不欲因此而引起外交问题。总之，还在全国民众的觉醒，鄙见如斯，未知以为然否？

五，十二，二十。

颜　色

鄙人现有一二问题，尚希代为答复，实为感激。

（一）代表农工之颜色以何色为最宜？

（二）红黄二色各所含之意义如何？分别之点何在？

以上两个问题，务请贵社代为答复，不胜企盼之至。

十二，三，二十。

〔答〕承询两点，兹就敝刊所知，敬答如下：（一）颜色所代表之意义，并无一定。例如从前中华民国国旗系五色国旗，分为红黄蓝白黑以代表汉满蒙回藏五族共和，依此则红者代表汉族，黄者为代表满族，余类推。今之政府用青天白日满地红为国旗，其所含意义则又不同，红色象征牺牲，青色象征公正，白色象征纯洁，又如骂帝国主义为白色恐怖，共产主义为红色恐怖。是此处之红白二色，又作另一解矣。（二）颜色所含之意义既无一定，则代表农工之颜色自亦各人所见不同，殊难决定，要亦以比较孰为最有意义为前提耳。

十二，十九，二十。

二者不可得兼

自东北国难发生以来，抗日的声浪，高唱入云，谁都想与倭子拼一死战。所以沪上一般的爱国青年，自动组织各大学学生抗日救国联合会。近来外交示弱，“天津共管”“锦州设立中立区”“中日直接交涉”大为全国所不满，因此学联会于昨日议决通过，从即日起，全体罢课，以示坚决否认以上各点。敝校学生抗日救国会，也就在今天停止上课，那晓得我们的教务长先生摇铃训话，说：“你们到学校里来念书，是听学校命令？还是听抗日救国会的命令？……”一会儿更装出最严厉的面孔说：“我今天来征求你们对于这两点的意见，解决罢课与上课的问题。”于是在黑板上写出两句：“愿听抗日救国会命令者○”“愿听学校命令者×”。我们同学慑服于积威之下，那有不“唯君之马首是瞻”呢？但以我鄙见想来，我们既然来此读书，当然是“听学校命令”；同时学生抗日救国会，是学生自动组织的，也要“听抗日救国会命令”。虽然，二者不可得兼，罢课与上课的问题，便发生两个冲突的焦点，上课好呢？罢课好呢？我一时不能解决，也就没有表示“○”与“×”，不知先生肯予解释否？

十二，七，二十。

〔答〕承示贵校教务长有签名阻止罢课之事。愚意罢课原为不得已之事，罢课与否，须视当局之紧急与否为标准。倘时局紧张，有需要学生起来，参加救国工作，则在此不得已时，只得罢课。若非必要，则罢课确为徒荒学业，似不相宜。故应罢课与否全视当局之紧张与否以为断，然究属例外也。

十二，十六，二十。

整个的民族抵抗问题

自“九一八”事件发生以来，我们确实处于极危险的地位。这个危险并非仅是日帝国主义者将侵入内地，乃是我们还是盲人骑瞎马夜半临深池的样子！对于“九一八”事件认不清楚是个什么问题，于是乎连带着弄不出什么对付方法来了。

我们第一要有自知之明，不要硬撑场面，中国确未形成一个近代国家，只有若干军团；所以人家对“九一八”事件，根本就不认为“中日国际间事件”。英西门外相在国联大会上的演说，是老老实实说明了的。我们即使反对，也是反对不了事实。不过因为日本一家独吞，打破了远东均势，在他们觉得不是玩的。所以目前关于东省事件列入议事日程的问题，不过为避免各帝国主义的自相冲突，将如何再造均势——瓜分还是共管？

东省事件现在固然尚是外交问题；但这决不是对中国

外交，乃是说各国间还在外交谈判时期，没有到武力解决时期。所以外交解决是逃不出瓜分或共管的路；否则便是武力解决。中国是被宰的猪，没有插嘴之余地的！

如果我们现在武力抵抗，固然能够造成几个民族英雄，但是依然不会有救的。自从“九一八”事件到现在，民族英雄已经产生不少，而失地一天多一天。因为现在的抵抗，决不是拿枪打一下就算了事，譬如目下东北军已起而抵抗，而北平抗日演讲的学生却要坐牢。结果是今天失山海关，明天失九门口。因为这个抵抗根本不是整个民族，而是几个民族英雄，民族英雄而没有整个民族作基础，决计不会变成凯马尔，只好退到外国去作寓公。要是整个民族起而抵抗，那末，印度的甘地，以及一九二七年的收回汉浔租界，何当用过武力呢？所以我们目前的问题，不是如何驱使军人作武力抵抗以造成民族英雄的问题，乃是如何团结民众所有力量以作整个民族抵抗的问题。

要团结民众力量以从事整个民族抵抗，这个责任现在的当局能否负得起，这要看事实上的证明。一般坐汽车的有闲阶级，无法希望他们能够和前线将士那样饥寒交迫的过生活。（如果帝国主义者仍旧要借重他做买办，那末：他们依旧是丁士源一流新贵人，不过中国是主人太多的次殖民地，不是一个主人的殖民地；所以一个不好，主人有些意见，先在仆人面上出气，便发生事件。抵抗云者，主人不该无故出气之谓也。）我们如果还没有健忘的话，当民国十六年清党时候，戴季陶先生有句口号，就是“我们不能拿整个民族力量与帝国主义作孤注一掷”。这个口号不但成了当时清党的理论，并且一直成为外交方针中从陈友仁的革命外交到罗文干的国联外交。（陈友仁的革命外交，乃是将民众夺回的租界变为中英共治的特区，即其著名的一个国民政府外交宣言，也是满篇和平谈判语句。以后这种和平谈判精神，一直传到伍王，终算订了许多新约；现在东省事件，罗先生依旧是和平谈判。）戴先生现在改从佛教，我们无从知其是否改变理论，但其精神是依然支配全国。而且民国十六年的问题，是应不应拿整个民族作孤注一掷的将帝国主义赶出去，而现在是应不应抵抗帝国主义侵进来了。不立危墙下的君子派不敢冒险赶出去，当然同样不敢抵抗侵进来，当然多方觅路，设法贯彻和平谈判政策。这一政策自有其理论与背景，我们无须加以批评的。

然而事实已经放在我们眼前。民国十六年来和平谈判的结果，是“九一八”事件。以前不应该拿整个民族力量……现在要应该也没法了；因为不但问题已由“赶出去”变为“侵进来”，连整个民族力量在那里也成了问题。

我以为今日救国的志士们，应该先决定对于帝国主义的态度，其次，是应该埋头去做团结民族力量的工作。其他的什么救国，什么救国……不过出出风头，或是供人凭吊歌咏而已。

一九三三，一，三一。

〔答〕一知先生在这封信里，有好几处说出很可佩服的卓见，尤其是他很郑重的提出，我们对于帝国主义——尤其是日帝国主义——的侵略，要团结整个的民族力量来抵抗。我们必须以全民族合作广大的抗日斗争，才能达到民族最后独立解放的目的。关于这一点，记者完全和一知先生同意，现在我们所焦急的，也可以说犹成为问题的，是要团结民众力量以从事整个民族的抵抗，什么集团在事实上能把这个重大的领导使命肩负起来？

不过记者以为我们一方面必须“埋头去做团结民族力量的工作”，一方面仍不应抛弃“武力抵抗”，即仍须主张外侮来侵时军人必须尽其全力与敌人斗争，决无顾虑怯退之余地。这并不是要“硬撑场面”，第一，我们要明白即不奢望打得最高的胜仗，只须将败仗拖长，原是一个只打败仗的，能勉强拖至三个月，原是三个月打败仗的，能勉强拖至六个月，即足以促进日帝国主义国内崩溃。第二，我们要知道日军阀之横行无忌，未尝不是潘阳一役之不抵抗主义，给他们榻着便宜货，所以得寸进尺，愈闹愈高兴，我们现在必须以死拼的精神和他们斗争，使他们知道掠夺不是一件容易的事情，翁照垣将军在他的《淞沪血战回忆录》中说得好：“总指挥的命令是‘死守吴淞’。这几个字已经深入在当时各个战士的脑经里。吴淞亦许失守，但这是我们人尽弹竭之后；敌人亦许占领吴淞，但他一定要付一倍以上的代价……”第三，我们已往的零零碎碎的武力抵抗，实际上固然不见有什么效力，但我们不以此为满意而欲进求有整个布置的抵敌则可，若并此零零碎碎各自为战的武力抵抗而亦无之，则民族斗争的精神更等于零了！这至少表示中国民族解放斗争的开始，决不是仅仅“造成几个民族英雄”而已。第四，这种百折不回义无反顾的武力抵抗，也是“团结民众”的方法中的一个。民众只肯尽心力赞助能对帝国主义的侵略做奋勇斗争的军人，不抵抗主义及坐视不援的军人们所得于民众的反应如何，这有事实摆在当前，无须我们细说了。

讲到“民族英雄”这个名词，确有语病，民族斗争是要团结民众及军士力量共同奋斗的，英雄主义的意味，是偏于个人主义，以为可以脱离民众的力量而独力成功的，这当然是夸大狂的幻想。但是我们对于能够应民众的要求，和民众站在一条战线上，领导军士为民族奋勇抵抗侵略的领袖们，却也应加以相当的敬礼，而不应一概抹煞的。

有什么可笑?

我是一个甘肃人；为了苦于经济，虽然不是《生活》的定户，但由借阅和图书室的供给，倒也是一个《生活》的读者。我个人爱护《生活》和敬佩先生的心，也可谓与《生活》的历史同日并增，可是七年来的《生活》什么都谈论到了，只是关于西北的社会少发言论；这当然因为西北的交通不便，消息蔽塞，致先生无从谈论起，所以也不甚注意。其实人间的一切惨酷悲痛的活剧，在那蔽塞的无人注意的地方，也扮演得有声有色！我个人常想写一点文章登出来诉说那种莫名之冤，但自己又想到中国的整个社会都在千疮百孔，糜烂不堪；区区一隅的遭殃，有什么稀奇？呐喊几声也没有什么效果。如果整个的政治不上轨道，纵令有人为着特殊的遭难而施以特惠，也是无济于事的。所以我个人除了和泪读书，对于所谓家乡的苦情，从未有过若何的意见发表。

这次生活的新年特大号上忽然提到了甘肃，我个人当然欣感万分；同时又对那“吃树皮草根”和“大姑娘还没有裤子穿”的事情，不由自主的流下泪来。出乎我意料之外的是当我正对着那几行字流泪的时候，忽然有几位同学跑来问我道：“你们甘肃人真是吃树皮草根吗？”“大姑娘真的不穿裤子吗？”待我还未开口，已经哈哈的大笑起来了，而笑的脸上似乎带着一种鄙视似的情态。我顿时惊奇起来，我想《生活》上的言论，很明白的是说明甘肃的苦况，以觉醒醉生梦死的国人。现在读过了《生活》的人，正应当略表同情，方才合理，为什么不表同情，倒反笑起来，这有什么可笑？难道《生活》上的那一段引例是供人们的笑料吗？因之，我是更加伤心到不能开口了！

等待各位同学散去，我才慢慢想到他们可笑的原因。原来东南各省的人，大半对于甘肃还认为是未开化的地方，还是茹毛饮血，穴居野处的蛮番。当我初到上海的时候，常有人向我问：“你说的是甘肃话吗？”“甘肃有没有米？”“甘肃的房子是怎样的？”“甘肃有没有学校？”“甘肃的妇女是怎样的？”我都一一为他们解答。他们虽然知道我所说的和他们各自的家乡的情形一样，但仍表示着惊讶。这次由《生活》上大书“甘肃一带的老百姓吃树皮草根，十六七岁的大姑娘还没有裤子穿”。这显然证明我当初解答他们的是说谎了，他们的大笑乃是当然的了。但不知甘肃虽不产米，麦子自数千年前就成为西北人民的主要食品，虽没有纱罗绸缎，土布的衣服倒穿得很早。如今甘肃的老百姓所以吃树皮草根，大姑娘所以没有裤子穿，并不是他们想作野人，乃是他们的麦子和土布都被军阀官僚土豪劣绅抢夺去了，军阀官僚土豪劣绅实实在在才是倒推社会向后转，使甘肃的老百姓又吃树皮草根，使甘肃的大姑娘们又是光着屁股乱窜，就是他们这班恶魔啊！

先生！我们甘肃在从前，即在民十以前，的确是中国的典型农村经济社会，地方的幽静，人民的厚朴，实堪称为“世外桃源”，及至民十以后，由冯军的独刮，而至群雄的分刮，由群的分刮，而至川陕两军的对刮，又由川陕两军的对刮，到如今便成刮得精光的地层了。在这样的景况之下的朴诚厚重的老百姓不吃树皮草根，大姑娘不光着屁股，再有什么法子呢？还有最大的惨事，便是每当政变的过渡期，就有多股的土匪出现了，他们夹杂在混战的局面中，焚杀掠夺；于是在十七年以后，全省的六十四县，没有一县不曾遭过破城的浩劫，而且三五年来还闹着旱灾。朴诚厚重的老百姓，不死于旱灾的，就死在土匪手中；不死于土匪手中的，就死在军阀的铁蹄之下。三四年中全甘的人口由九百万减少到六百万。死里逃生的零余者，他们不吃树皮草根，不光着屁股，有什么法子可想呢？邵力子先生主甘已近一年了，邵先生是有名的学者；然而有名的学者，他一个人的力量是不会使老百姓再不吃树皮草根，也没有力量能使大姑娘有裤子可穿的呀！

先生！甘肃人民的痛苦，恐怕用尽此间所有的惨酷字样，写上十日夜，也写不完的。我希望能把这封信登出来。为了《生活》宝贵的篇幅，只是简单的写了片断；其目的是想借此解除人们的误会，不然，先生用以激励人们的话，将会成为人们幽默的材料了。不知先生再有没有意见可以发挥；不过，我相信发生误会的人，不只有我的三五同学。

刘全吾　元月八日。

〔答〕记者深信凡是读了刘先生这封信的人，对于他的不畏艰苦远方求学的精神，和痛心怀念故乡疾苦的情绪，没有不表示十二分的同情和敬意的。我们听见甘肃的同胞“吃树皮草根”，固觉酸鼻，即听见甘肃的十六七岁的同胞“没有裤子穿”，只要设身处地想到我们自己的妻女姊妹或所亲爱的女友假使处在这种窘况之中，我们的心里除感觉有如刀割外，必定没有心绪顾到“笑”，也不觉得有什么“幽默”可言了。

关于甘肃的情形，《生活》七卷第二十六期里曾登过一篇《开发西北声中的甘肃》的兰州通讯，对甘肃曾有很沉痛的叙述，但我们当然仍嫌“少”。不过我们对于国内各地的通讯，虽时常物色通讯人材，希望多登各地有精彩的通讯，总难如愿以偿，实是一件憾事。刘先生如有暇将甘肃情形分篇记述，我们很愿意择其有精彩者陆续发表，以引起国人的注意，倘能代约在甘肃的友人担任通讯，时惠佳稿，尤所感谢。不仅甘肃而已，其他国内各地如有同志以精彩的通讯稿件见赐，均所欢迎。当然，本刊所采用的有精彩的通讯稿件，其目标全在为大众的福利而努力，决不是存着私意用作攻击任何个人的工具的。

人生意义

看了好几份的《生活》周刊，在我这样课程忙碌之间，打开一看得到许多的趣事同新闻，在我的生活中，似乎得到一种调剂，所以也有一点感激。

我看见贵刊对人有许多的回答，不觉引起我的感想，也想来问一问贵刊的编辑者，倘若能圆满的答复，并且能转移我的思想，能得到人生真正的意义，那我就感激无涯了。

我是一个学科学的人，尤其是学科学中最难学的一种物理学，我受科学的陶冶已有十余年，所以在科学上得到的智识也不少，尤其这几年在大学毕业之后，即在母校本系服务。事情虽忙，但是学业的进步尤较学生时代为甚，所以单在学问的方面说，将来或可有一点希望，也未可知。不过我们学科学的人终日是和ABC同实验室里的仪器过着生活，对于人情方面是非常冷淡。因此一直到现在，只觉得科学是有兴趣，而不知人生是什么了！

在我们所研究的物理学上说：宇宙间的一切皆是由于阴阳二电子构成，所以人也是这两种东西构成的，因而人是等于物的，人的生死不过是物质的变化，并不是消灭的，所以人的生死，依这种眼光看去，是一点无意义的，生死既无意义，那末人生还有什么意义？再进一步说，以宇宙这样的大，我们人体这样的小，时间这样的长久而无穷，人生寿命这样的短促，所谓人生的快乐悲哀，皆成为一瞬间的幻影，诸如此类的推想，人生还有什么意义呢？

有一次我同一位朋友谈话，他看我太消极了，他说人要努力奋斗，我说人就是努力奋斗又怎样呢？他说世上的成功皆是由人之努力奋斗而来。我说就是努力奋斗有了成功，那又怎样呢？人在希望未达到的时候，以为希望达到了，是非常之快乐，但是到了你希望达到的时候，你也不觉得是怎样的快乐了。人没有饭吃，以为饭可以救命，及有饭吃，也不以为饭是可贵了。再深说句，古时的所谓圣贤俊杰，现在也不过是氢氧碳磷，现在的大人先生，也不过是一时的食色的逐鹿而已！这又有什么意义呢？

在我们所研究的科学上讲起来，与其他的学问又有不同的地方，我们所得到的训练，就是以我们最精密的科学，尚不能得到宇宙间正确意义，其他的学问更不必谈了；所以世界上的各事是无是非的，所谓是非，不过各是其所是，各非其所非而已，是非是依环境而定，此种环境以为是而换一环境则以为非矣。世界上无正确无是非，那末人生还有什么正确与是非，人生无正确是非，所以人生无意义。

我对于人生哲学的书是没有读过，这完全是我个人科学的人生观，不过我因为时间的关系，现在不能多写，以上不过是略写一点，不知编辑先生有如何的答复与批评，能使我有所满意也。

×

〔答〕关于人生的意义问题，记者觉得本刊第三卷第三十八期里登过一篇胡适之先生答某君书，其中有几句话颇有参考的价值，我现在撮述几句如下："我细读来书，终觉得你不免作茧自缚，你自己去寻出一个本不成问题的问题：'人生有何意义？'其实这个问题是容易解答的，人生的意义全是各人自己寻出来，造出来的：高尚、卑劣、清贵、污浊、有用、无用，……全靠自己的作为，生命本身不过是一件生物学的事实，有什么意义可说？生一个人与一只猫、一只狗，有什么分别？人生的意义不在于何以有生，而在于自己怎样生活。你若情愿把这六尺之躯葬送在白昼作梦之上，那就是你这一生的意义。你若发愤振作起来，决心去寻求生命的意义，去创造自己的生命的意义，那么，你活一日便有一日的意义，作一事便添一事的意义……总之，生命本没有意义，你要能给他什么意义，他就有什么意义。与其冥想人生有何意义，不如试用此生作点有意义的事……”综结胡先生这几句话，有两点很可以特别的注意一下：第一点是人生本来是没有意义的；第二点是人生的意义是靠各人自己造出来的。这两点我都表同意，不过我却不觉得 x 君此信是“白昼作梦”，认为有好几处他本着科学家怀疑的态度，很能引起我们研究的趣味。

x 君认生死无意义，诚然，但不能因为“生死既无意义”便断定“那末人生还有什么意义？”愚意“生”与“死”尽管无意义，但在既“生”与未“死”之中间的一段生活的过程，未尝不可由各人努力造出意义来。

x 君又因宇宙之大而人生之短而致疑于人生没有意义。宇宙之大，而人生之短，这诚然是一件事实，这个事实如看得透，对于我们的修养上且有大益，因为能知天地之长而吾所历者短，知地之大而吾所居者小，知事之多而吾所成者实微乎其微，则对于个人之名利得失便看得不算一回事，对于骄矜自满的毛病也可以不至有。不过因生命之短而即断为人生之无意义，我却不以为然，因为人生价值在各人所自造者如何：苟有益于世，虽短不能抹煞其价值；苟不但无益而且有害于世，则“老而不死之为贼”，多活几年只有愈糟！

我觉得做人是不得已的事情，我们并不是在未生之前自己预定好计划，由自己高兴来生在世上的，现在既不由自主的生了出来，只得做人，既然只得做，消极比积极苦痛，懒惰比奋斗苦痛，害人比救人助人苦痛，所以只想择其比较在精神上可以减少苦痛的方面做去，如此而已。这是我个人直觉的不得已在这里做人的赤裸裸的简单态度。x君所提出的“又怎样呢？”“那又怎样呢？”我只觉得无论“怎样”，既不愿立刻自尽，只得这样做去，想不出更好的办法。

最后x君认为世界上各事是无是非的，愚意亦不以为然。愚意以为是非是有的，不过在现实的世界方面未必尽能适合于应是之是与应非之非而已。试举一件小事为例，女子缠足之有碍卫生，这种是非是很显明的，但在从前盛行缠足的时代，不缠足的女子反而嫁不出去，没有人娶，则当时是其所不应是之是与非其所不应非之非，诚如 x 君所谓“无是非的”。但苟能不为不合理的习俗所拘，而能用理性来研究一下“为什么”，则缠足之为有碍卫生的恶习，固有其是非所在，不因人之从违而变其本质。是非之本质既存在，能否看透真是非之所在，则在乎各人在思想上的程度而异，我们所希望者，则在具有明澈思想者能感化或提醒一般糊涂虫而逐渐增加现实情形之更能合理。试再就女子缠足一端为例，闻蔡孑民先生在三四十年前举国崇拜缠足之时，他征婚即以天足为条件之一，则在当时，他对此事之是非固为独能合理，不能谓为无是非。世界文化的进步，就在乎能由不合理的是非而逐渐走到合理的是非之路上去。我们所应努力者，也在竭力减少铲除不合理的是非，竭力增加培成合理的是非。

不同的待遇

在中国的每一个邮局、海关、铁路等处，总有不少洋员，订有长期的合同，期限或十年，或二十年，待遇优渥，生活丰美，在合同未满期以前，不得停职或变更待遇。不但薪俸要比华人多几倍，还有津贴、公费、房租、汽车费、炊费，以至于仆役费等开支，更有特建洋房，作为住宅的。反顾我们华员，不但薪水相去天壤，可以开支房租、公费、津贴的，能有几人？若特建住宅，更谈不到！最奇的是同一当局，聘请华人，绝对没有用合同的，以致随时可以解聘，或减薪，变更待遇。两相比较，真太不平了！

上海会审公廨收回后，成立临时法院，规定院长月薪一千二百元，而在院长以下的书记官长，(西人)月薪竟至一千八百元！请问这是什么道理？若说外国人生活程度高；然同在中国的上海，上海的生活程度是一样的，外国人在外国生活程度固然高；但既生活于中国，不见得上海的牛肉鸡蛋，会买出两样价钱来！

有几个外国教士，口口声声说："为上帝故，在中国度清苦生涯！"可以借此向本国多捐些钱来用。其实就是上帝不要他们传教，他们也不肯回去的！

就根本说：其中大概有不平等条约的关系，我们要求待遇一律，必须先取销一切不平等条约！

郑汝纯

〔答〕郑先生的话诚然是我们所常听见的事实。我当然也觉得这件事要改良才行，不过我同时却也觉得很惭愧，觉得归根到底，还是由于我们国人自己太不争气。

譬如就海关说：据《大陆报》最近评论所宣布，上海海关在中国人手里的时候，因官吏的舞弊中饱，一年归公的只有几万元，现在竟渐增至数百万元！

又譬如邮局，仅就上海的邮局说，竟有盈余数百万元造一所那般大的局所，中国经营的机关有那个能那样的盈余？招商局算是中国人经营的大机关了，但是请问内容混乱到什么地步？

又譬如市政机关，上海的公共租界工部局。我听见其上级西员有的因为生了一个儿子，就每月加领津贴九十两银子，再生一个，又加九十两，我何尝不觉得岂有此理；但是租界的道路和城里的道路比比看，也只有心里觉得难过。

我上面说的话，决不是存心歌颂外国人，我的意思，外国人诚然太享我们的福，不过在事实方面他们却有多少“颜色”给我们看，而我们的国人往往自己不争气的地方太多。这是我要赤裸裸的无所忌讳的对国人说的话。我的意思当然不是要允许外国人继续享我们的福。我的意思是说我们固然要大声疾呼废除不平等条约，废除不平等待遇，而同时对于国民的服务道德，服务能力，及丝毫不容假借的责任心，非痛下一番训练工夫不可。这当然是对同国人说的话，不是对外国人说的话。

外　轮

我国自前清光绪年间，允许外人在内河外海通航以来，已有四十余年，金钱外溢，不可胜计，今将我所知，略述于后：

外轮航行内河外海的船只数和每年获利数实足骇人听闻，我国自前清允许外轮航行内河外海，起初只有英的太古怡和，在沪上设立公司，专走外海南北各埠，后以获利优厚，便扩展到我国南部的珠江流域和中部的长江各埠。东邻日本因见英商获利富厚，于是援据利益均沾的话，强迫订约，在我国的白河、滦河和中部的长江流域，所有繁盛市埠，各设公司，肆意竞争；财力不足，则由政府补助。先为邮船株式会社，后又设日清公司等，未满二十年，彼在华航业的发达，已与英商相埒，近且有过之无不及。总计英日等国，在我国内河外海航行船只，不下二百艘；每船每月所获的纯利，约逾五万元（如长江轮船航行沪汉往返一次约得纯利二万元，每月每艘可得六万元纯利，今大小统扯每月每艘作为获纯利五万元，并非过甚其言)，每艘每年以十月计(除去二月为修船时期)，当得纯利五十万元以上；以二百艘计，全年金钱的外溢当在一万万以上。但是我国货物，由外轮运至欧美等各国的运费，尚不在内，此事我国人似尚毫不注意，一任外商竞争攫夺，以助长我国所受经济的压迫。

愤世

〔答〕国际活动的中心已由大西洋转移到太平洋，故各国对于航行事业亦谋积极的进取，造了许多精美雄伟的轮船往来不绝于太平洋上力图竞争，即蕞尔三岛的日本亦对此事处心积虑，不甘落后，现在除原有之三十四艘三十万吨之轮船仍航行太平洋沿岸各港外，更图进一步谋执太平洋航行界的牛耳，日本邮船株式会社已实行制造九艘十二万吨新船的计划。其第一艘新船浅间丸自就航以来，营业甚为发达，华美壮丽，有海上皇宫之称，其设备之精美完善，已迭载上海各报，最近又造成新船三艘，即秩父丸、龙田丸和平洋丸都相继作处女航。闻秩父丸净吨数达一万七千五百吨，长五百八十四英尺，阔七十四英尺，甲板七层，有电梯上落，有邮政局，有银行，建造费一千二百万金，其规模之宏大，设备之周全可以想见，其他两艘亦相类，一切设备务使船客无航行之苦，有安舒之乐，此外尚有冰川丸、日枝丸、平安丸、照国丸、靖国丸五艘，每艘载重均在一万吨以上，明春十二万吨之九艘壮丽新船可以全部竣工，睥睨往返于太平洋之上。闻英商蓝烟囱公司亦增造摩托巨轮六艘，不久将落成来华，又有英商蓝星轮船公司已在南京设立分行，定派三十艘巨轮来华，总吨量二十五万吨。他人如此勇猛往前精进，同为太平洋沿岸一个重要的国家如我国者闻之，不知亦能稍稍动心否？我因愤世君提起外轮，特附述此事以告国人。

野鸡丝厂

读了贵刊第五卷第八期日本通讯《工女》一篇，引起了我的感触很多。慨我不幸做了一个上海丝厂里的小职员，亦有七八年，先后倒闭，换过了丝厂四五家，今年在这一家丝厂服务，明年到谁一家，尚在筹划之中。我们的丝厂同志老不客气的美其名谓之野鸡厂；堂堂皇皇合资本开工厂，却谓之打野鸡。上海丝厂中，这种野鸡厂约有半数，做半年或一年无定。商标向他厂借用，另出商标钱，那末货品尽管恶劣，可混着卖顶上价钱。上海各丝厂卖丝不是与欧美绸厂直接的，须经过洋行手续，只要将丝解进洋行即可了事。明知其货恶劣，只要渡过洋行难关，便算成功；洋行里的行员先生又是金钱可以通神，只求混得过去，什么国际上的贸易信誉，都说不到。这种野鸡厂的主脑儿打好了一次野鸡，结好了账目，赚一票，就得意洋洋，立时享受他们的阔绰生活；

亏了本，绉绉眉头，自认晦气，看山色，再来投机。他们的眼光，不但没有看到国家和世界，就是他们自己的前途也从未在意，只求混混目前而已！

再说到上海丝厂的缫丝机械，考丝厂历史虽有四十余年，对于缫丝机械的墨守旧规，真所谓度四十余年如一日！不像日本那样精益求精，六七年前的缫丝机械，在现在已成为历史上的遗迹。我们中国人似乎是抱定不忘其旧为宗旨的，有什么工人教育，工人卫生，工人娱乐，业务训练？更谈什么蚕叶改良？机械换新？如目前新造丝厂，只要包价便宜，管他建筑不固，设备简陋！什么工房、宿舍、休息室、体育场？造厂的目的只不过是要临时抢一票用用罢了！建筑尽管不固，设备尽管简陋，既无他人顾问，又不受政府行政范围的拘束，瞎撞一阵罢了！

我为局内人，所以知之特详，因读《工女》一文而更觉如鲠在喉，不吐不快，所以奋笔书此以告先生。

陈延章

〔答〕陈君所言，殊为沉痛，我们平日但知有所谓野鸡学校，如今才知道又有所谓野鸡丝厂，野鸡的效用竟有如此之大！野鸡学校之斫丧国民教育，腐坏民族前途，教育当局已有严行取缔之决心，像这样的野鸡丝厂，忽开忽闭，专造劣货骗钱，对国内则使职业界不安定，如陈君所谓“今年在这一家丝厂服务，明年到谁一家，尚在筹划之中”；对外则损失国家在国际贸易上的信誉，不但不能发挥光大中国在丝业上固有的荣誉，且从而摧残之，此类事工商部及特别市政府社会局似应加以注意，规定至少限度的设备及基础，严检出货之优劣（以输出国外者为尤重要），严定取缔的规程。

盲同志

我不幸盲目以后，三四年来，没有和《生活》周刊见过一面，今天友人沈瘦梅君把最近出版的几期，读给我听，胸襟突然豁朗，竟忘却我是一个瞎子了。现在回想到没有盲目以前，不但我一个人想不到盲人问题，就是大众的心理，那里有顾到盲人的意念，不料我现在做了盲人，才晓得盲人的经验，和盲人的地位，现授意友人，写这书给先生。

我国盲人，假使以印度的情形作比例（在印度因沙眼、天花、花柳等症的贻害，每四百人中，必有一盲人），约略的推算起来，至少在百万以上，占全国人口四百分之一。就是以全世界而论，一共六百万盲人中，我国也占其六分之一。照这样看来，盲人问题，简直可说是盲人的生活问题，也许有几分之几讨论的价值了。

这个问题，在最近的欧美各国，却十分重视。即如今年四月十四日，纽约城里，世界盲人教育与事业的专家会议，是胡佛总统所发起，预备出席的代表，已有三十余国，吾国除由各盲人机关公推上海盲童学校校长傅步兰氏列席外，政府却没有正式派代表赴会，现在我先把这个会的大概，介绍一下，来做我们讨论盲人问题的参考。这次会议的范围，可分：（一）教育问题；（二）事业问题；（三）关于盲人方面一切特殊的设备问题；（四）盲目的预防，及关于盲人方面一切法令问题。他们所讨论的，和各国代表所讲演的题目：（一）盲人初步教育；（二）盲人普通教育与职业教育；（三）盲人教育上特用的教具；（四）盲人师资的训练；（五）盲人的特殊心理；（六）如何训练盲人，使能操常人的工作；（七）家庭的职业；（八）工厂中的盲人事业；（九）音乐对于盲人生计和学业；（十）受过高等教育盲人的职业；（十一）盲人工厂的管理；（十二）盲人博物院；（十三）盲人图书馆；（十四）盲人书报的印刷；（十五）怎样训练引领盲人走路的狗；（十六）南美洲盲人印刷的合作事业；（十七）眼目卫生研究；（十八）盲目的原因；（十九）国家之与盲人团体；（二十）盲人养老费问题；（廿一）政府对于盲人所应尽的责任。

世界的趋向，对于盲人问题，正如此热烈的当儿，我国政府，对于星卜盲人的禁止，也在雷厉风行时代。我虽然没有做过算命先生，但从盲人的环境中，却很知道星卜一术，那里是他们的本心！那班男女老幼们，在烈日炎天之下，风霜雨雪之中，婆娑摸索，那里会有职业的兴趣！换一句说，命本可不算，饭却不能不吃。假使不做算命，而没有其他职业来替代，那么就上海一区，有三千多个星卜盲人，连同他们的一家老小，请那个来给养呢？这不是一个社会上很重要的问题么？

我写到此地，不由得要说起我们所已有动机而没有正式发起的中华盲人事业协进会了。这种团体，在英、美、法、德等国，早已成绩卓著，现在我们三十余个盲同志，大半受过高等教育的，也有这个意思，要建议于社会。我们的计划是：（一）连络国内各盲人教育机关，统一盲人教育，并帮助盲人组织团体；（二）推广盲人事业，并从事于实际的建设；（三）宣传盲人的能力与需要，并盲目的预防，以引起社会的注意和同情；（四）年老羸弱盲人的救济；（五）盲人教育的研究，及关于盲人方面的各种调查统计。

我们的计划，未免大而无当，那里是二三十个瞎子力量所及？但是我们一方面要追随世界的潮流，一方面要从根本上补救盲人的生计，以调节国民的经济力起见，我们不得不大胆的做去。我们所最希望的，就是求社会的指导和合作，来促进我们的成功。所以我拉杂的写了这封信，敬候先生的明教，并望介绍与海内外人士，来做我们的南针，幸甚幸甚！

陆祖德

〔答〕我们幸有着两只眼睛的人，不甚知道瞎子的苦处，大概都是“想不到盲人问题”，但据陆君所言，我国的“盲同志”“至少在百万以上”，全世界上的“盲同志”有六百万，确不能不算为很重要的一个社会问题，怪不得盲人教育与事业也有了“专家会议”。

我们对于陆君之“不幸盲目”，不胜其惋惜与同情，但展阅此信，足见陆君竭精殚思于救济全国的“盲同志”，仁风侠义，流露于字里行间，尤以他自身陷入此不幸的境地，犹能如此为同病者努力谋幸福，这种不知有己的救人济人的仁侠精神，实引起我们无限的敬意，足为我们的模楷。故记者敬于此执笔致其至诚之意，对陆君表示敬礼。

记者尚有一言为陆君慰者，即能在极困苦艰难的环境中作极困苦艰难的奋斗，这种精神最足感人，也许可以说在这种奋斗中未尝不可得到精神上的至乐。记者十年前在大学毕业后参加毕业礼的一天，夹在许多戴着方帽穿着宽袍的同学列队入大礼堂行礼正在走着的时候，在刹那间自念平日工读自给之辛酸苦况，在他人欢容笑语中，不禁俯仰身世，泫然下泪，可是自觉在此涌泪中实亦含有不能告语的至乐甘味。但转首一望，在同时毕业的同学中却有一位瞎子，也戴着方帽，穿着宽袍，用手附着别一同学的肩上走，这位同学在校里求学到中途，不幸盲目，仍自愿继续听讲，孜孜研学，校长及教授们哀其志，怜其遇，复敬其学业之优越，许其续学，其最后成绩竟获毕业。我当时觉得那天许多毕业同学中最令我钦佩感动的是这位“盲同志”！何以故？因为“能在极困苦艰难的环境中作极困苦艰难的奋斗，这种精神最足感人”，记者现在愿以此意奉慰陆君。

承陆君要向记者索取关于盲人教育的“明教”，我只得直率的说我是完全一个门外汉，深愧不能有所贡献，至以为歉。不过有一件小事，也许可以提出来谈谈，陆君来信提及“怎样训练引领盲人走路的狗”，去年我在美国的*Pathfinder*

周刊上看见一篇记述，知道美国有上议院议员某君（姓名已记不起来）做议员做了一半时期，不幸盲目，有人送他一只德国狗，他牵着这只伶俐聪明而又忠诚的狗，简直好像有了一对眼睛，就是走到马路上，一有车辆当前，这只狗就停着不进，好像和他打招呼似的，引他在家走路，引他到办公室，引他到议院，出议院，来往非常便利。他坐在办公桌旁，那只狗就躲在办公桌下面，有客人来，他也会叫一声向主人通知；可依主人命令，替他取这个，拿那个；在街上走时，如有人取得罪或欺侮了他的主人，那就了不得，他便猛扑乱咬，使你大吃苦头。所以也可以算是他的随身“卫士”。那个周刊上还登着这位衣冠整齐的议员牵着他的狗伴侣，与常人无异的步行着。这不过是随便将我所阅到的材料取来谈谈，至于这种狗应“怎样训练”，我又是一窍不通的。

阳历之外的新历

国民政府今已把那“天干地支”“五行推运”和“诸事不宜”“宜出行沐浴纳礼动土……”的旧历废除了！这真是一件痛快的事情！本来这种六十年一周的策算法，讲历史典故者在历来几十个“甲子年”“乙丑年”中，弄得前后颠倒，莫名其妙。这种策算法，自然久应在打倒之列，而且那好事的算命卖卜先生们更孜孜矻矻在“甲子乙丑”“金生水，水生木”里用工夫，几几乎弄得全国的人民，一举一动，都要翻了“黄历”算了“黄道黑道”而定。这种最愚鲁的“作茧自缚”的所谓深玄之道，至今朝一概投诸东洋大海，再痛快没有了！

收结引子，言归正传，世上的万事万物，莫不被伟大的人力推进着，故昨日之日总不能和今日之日相比，就是过去的一分钟一秒钟，也已不能和现在的一分钟一秒钟相提并论。讲到日历一事，也何尝不然呢？

我国正在废旧之时，不道美国天文家，又发明了更新更好的日历，而说现在的日历为旧不适用。

美国国家日历改良委员会，最近依照人类生活自然和适应时代的原则发明了一种新历，闻现在美国议会预备提出国际讨论，希望全球采用这新历，美国商部和许多工商机关已表示一致赞成。

这新历骤然一看，很令人不赞同，仔细一察，便见许多好处，我现在把它约略的讲述一下。

最大最惊人的更改，便是一年十三个月，“十三”这数目，西人目为最不吉利之字。无怪许多人初见便摇头了！这添增的一个月，插在六月与七月中，名之曰Sol（译音沙尔，译意为日轮，言该月在一年最热之时），每月各为二十八日，足足四个星期，每月之首日必为星期一。每年三百六十五日，每月二十八日，十三个月，共计三百六十四日，这余下来的一天，便放在十三月的末底，成为十三月二十九号。这一天不值星期，是赘生的一天，称之曰“岁日”（year day）。倘逢闰年，这闰余的一天，不放在十三月底而放在六月底，为六月二十九号，这一天也不值星期，也是赘生的一天，称之曰“闰日”（leap day）。这“岁日”和“闰日”都是“外快”，皆不列入星期内的。在这新历上，元旦总是星期日，耶稣圣诞要改在十三月二十三号（December 23rd）那一天，举凡国庆时节都要改排，我国双十节便在十一月三号（注意这十一月英文仍称October）。一年共分四季，春季自一月一号至四月七号，夏季自四月八号至六月（就是Sol）十四号，秋季自六月十五号至十月廿一号，冬季自十月廿二号至岁终。朔望依月照算。

最近实施这新历的机会，便是西历一九三三年，就是中华民国二十二年，因为这年的元旦巧为星期日，而与新历的星期日元旦相合。倘若失了这机会，便要再等数年，所以现在美国积极讨论，公诸于全球，请全世界审查决定。

以上便是这新历的大概，是否适合我国，固待学者商酌，至于能否被采为世界通历，目前也无从下断。

国家采用历制是一件很关紧要的事，如我国今日废除阴历，专用一各国公用的日历，当然处处便利得多了，然而阴历经数千年的递嬗改进，也有它固有可取之处，其最不可埋灭者有两点：第一便是朔望，阴历根基月行而算，故朔望必为月初月半。日月相吸，潮涨潮落，所以朔望为航海舟行的导卫，闻现在政府已明令保留了。第二端可取之处，更比朔望来得要紧，而影响全国生存问题的，这便是节气，这节气的算法，却并不从阴历本身而来的，还是从太阳方面研究来的。自立春而至大寒，一共二十四节。地球绕行太阳一周为时三百六十五日又四分之一，以二十四份均分之，每节得十五日二小时三十六分，你如不信，一查隔年历书每节相间必在十四、十五或十六日之间。但是为什么要这节气呢？因为我国计时根基月亮，每年余七天八天或九天，虽然是“闰余成岁”的不会相差，可是天时与日子不相照应了，譬如去年三月初（指阴历而言）杨柳抽芽，而今年三月初杨柳却未见抽芽，直至三月底杨柳才见抽芽，岂是杨柳抽芽有迟早之异？杨柳之抽芽随着天时而行，它又何尝有迟早？人用的历本（指阴历）有了迟早了。因之畜牧稼穑，要依了这日历（指阴历）而做，不免困难，因之有人以牧畜稼穑，须赖天时气候，所以研究太阳绕地球（想当然）恰恰一转时，有三百六十五日又四分之一，于是，把它们分成二十四份注在阴历上，以便畜牧稼穑，所以这二十四个节气名，都关于农业上的，而且因为它们是从阳历的基础上得来的，所以排在阳历上，是“珠还合浦”。不信时可一翻日历，今年立冬是十月九号，去年立冬也是十月九号，今年冬至是十二月二十二号，去年冬至也是那一天，有时或稍差，或前一日，或后一日，是因为三百六十五又四分之一这数目，用二十四去除是除不尽的，所以稍有前后。由此观之，节气之用有关农业甚巨，我国以农立国，所以我说是影响全国生存问题。但是我不知政府会否保留这不可埋灭有关农事的节气？我因为自己是农家出身，深知其利害关系，所以附着这“十三个月的新历”的发明，不厌琐屑的说了一番。有人说节气的名称带有迷信的色彩，这是笑话之至，我想政府决计不会放着僧尼道巫及冥镪锡锭不去铲除他，而来夺去我农民导卫的节气，又何况节气的名称非但没有迷信色彩，而且很科学化呢。

末了，再归正传，这十三个月的新历，诸君以为如何？不过你每年须付十三次房金，这也许会使你皱眉头，但是同时你却收得十三份薪水，又不免使你笑开口了！

徐汉云　十九年。

〔答〕世界科学家最令人佩服的是他们那样精益求精永不知足的精神——发明了一件东西，好了再求好，并没有半途自止的时候。老如爱迪生，他不但仍在电学上拼命转新念头，最近又在那里胡思乱想，要发明人工的橡皮，据说已有头绪。我看他不到瞑目的时候不肯停止！我读徐君关于新历发明的报告，又引起平日蕴着的这种思绪。我深觉我国人最大毛病是一种不生不死的知足心理，这种心理之所由来，大概是由于传统思想的遗毒，例如老庄等皆主清净无为，以为自然比人为好，即儒家亦有这种倾向。现代人类需要征服自然，而传统思想则劝人听天由命，服从自然的摆布，劝人得过且过，随遇而安，因此大家故步自封，科学乃无由发达，别人日新月异，我们尽可以数十年数百年乃至数千年的老古董，都可以一直存保下去，忍受下去，所谓“多一事不如少一事”，所谓“知足不辱”，甚至“犯而不校”。“唾面自干”，什么都可以一味的知足忍受就是了！这是与现代需要现代精神根本不相容时，我们非铲除它不可。

至于废除阴历，我觉得最大的利益是打倒许多迷信。算命瞎子的胡说八道，至今还有许多人闭着眼睛深信。他说你今年要发财，明年要升官，让你开开心，或是对望子如大旱之望云霓的奶奶们，说什么明年要添个小宝宝，让她凭空弄得眉开眼笑。且不去说他，最可恶的是要弄些什么合婚的把戏，我们常接到许多有情人的来信诉苦，说男的有意了，女的有意了，老子赞成了，娘也赞成了，但是后来老子娘却因为把他们的八字恭请算命瞎子先生合一合婚，说是“命宫直克”，坚持不许。如今索性把算命瞎子先生所根据的阴历除掉，采用和算命瞎子先生“命宫相克”的阳历，省得他们再胡说八道的来克别人的命！这真是徐君所谓“一件痛快的事情”！

韬奋生平与著述简表

1895年　11月5日（农历乙未年九月十九日）出生于福建永安。祖籍江西余江。原名恩润，乳名荫书。韬奋为其笔名。

1900年　全家迁往福州。父亲为他“发蒙”。

1909年　考入福州工业学校。

1912年　到上海南洋公学下院（附小）读书。

1914年　升入南洋公学中院（附中）读书。

1915年　在《学生杂志》上首发文章。

1917年　升入南洋公学上院（大学）电机工程科学习。

1919年　开始在《申报·自由谈》上发表文章。9月考入圣约翰大学文科三年级，主修西洋文学。开始试译杜威的《民本主义与教育》。

1921年　7月毕业于圣约翰大学。先后在厚生纱厂、上海纱布交易所任英文秘书，在申报馆帮助处理英文函件。

1922年　担任中华职业教育社编辑股主任。

1923年　《职业教育研究》由商务印书馆出版。与叶复琼结婚。

1925年　《生活》周刊创刊。从第1卷第2期起，为之撰写文章。

1926年　10月接办《生活》周刊。从第2卷第1期起开辟《读者信箱》专栏。与沈粹缜结婚。

1928年　译作《一位美国人嫁与一位中国人的自述》由《生活》周刊社出版。

1929年　译作《一位英国女士与孙先生的婚姻》由《生活》周刊社出版。

1931年　《小言论》第一集、译作《一个女子恋爱的时候》由《生活》周刊社出版。

1932年　《生活》周刊销数增达155000份。7月生活书店正式成立。参与发起筹办《生活日报》。《最难解决的一个问题（信箱汇集之一）》

由生活书店出版。

1933年　参加宋庆龄、蔡元培、鲁迅发起的“中国民权保障同盟”，当选为执行委员。7月14日，从上海乘意轮佛尔第号流亡国外，先后到达意大利、瑞士、法国、英国，随程撰写通讯《萍踪寄语》。《韬奋漫笔》《小言论》第二集、第三集由生活书店出版。

1934年　考察法国、比利时、荷兰、德国，到苏联访问考察。《萍踪寄语》初集、二集由生活书店出版。

1935年　赴美，对美国社会做深入考察和研究。8月27日抵达上海。《大众生活》创刊。与沈钧儒、马相伯等组织上海文化界救国会。《萍踪寄语》三集由生活书店出版。

1936年　11月与沈钧儒等救国会领袖在上海被捕，后移至苏州看守所羁押。在看守所动笔撰写自传《经历》。《大众集》《坦白集》由生活书店出版。

1937年　7月韬奋等“七君子”获释。11月乘轮前往香港。《读书偶译》《展望》《经历》《萍踪忆语》由生活书店出版。

1938年　主编《抗战》《全民抗战》等。

1939年　4月当选为生活书店总经理。译作《从美国看世界》《苏联的民主》由生活书店出版，《韬奋时事论文集》由中流书店出版。

1940年　《事业管理与职业修养》由重庆生活书店出版。

1941年　2月秘密离渝，流亡香港。撰写长文《抗战以来》，连载于香港《华商报》，8月由华商报社出版部结集出版。

1942年　香港沦陷，流亡广东等地，考察苏中、苏北抗日根据地。

1943年　耳疾恶化，诊断为中耳癌，回上海治疗、手术，以化名不断转换医院。

1944年　开始撰写《患难余生记》。7月24日晨7点20分逝世于上海医院。10月1日重庆各界隆重召开追悼大会。11月22日延安举行追悼大会。